100 VERBLÜFFENDE FAKTEN FÜR COOLE KIDS

SPANNENDES WISSEN FÜR CLEVERE JUNGS UND MÄDCHEN

SIGNIFANT VERLAG

SIGNIFANT

Impressum

Autor: Signifant Verlag, André Voget, Erlenhofstraße 25, 56235 Ransbach-Baumbach, Deutschland • www.signifant.de

ISBN 978-3-948577-04-9 (eBook)

ISBN 978-3-948577-05-6 (Taschenbuch)

INHALT

VORWORT

- **Wo fährt man mit einer Seilrutsche zur Schule?**
- **Wer ist der dümmste Bankräuber aller Zeiten?**
- **Warum gefriert heißes Wasser eher als kaltes?**
- **Wer erfand Glitter und warum?**
- **Wie viele Leute brauchen wir für eine Weltraumkolonie?**

Die Antworten auf diese Fragen findest du in diesem verrückten und unterhaltsamen Buch. Entdecke einhundert verblüffende Fakten in diesen zehn Themenbereichen:

Sport, Weltraum, Mensch, Wissenschaft, unsere Welt, Geschichte, Schule, Sprache, Essen und Tiere.

Viele Bilder, eine einfache Sprache und kurze Texte machen das Buch auch für Lesemuffel zum Vergnügen. Wenn du Rätsel magst, dann wirst du das große Wissens-Quiz am Ende des Buches lieben!

Und jetzt viel Spaß mit 100 verrückten, kuriosen, spannenden und verblüffenden Fakten!

1

MIT DER SEILRUTSCHE IN DIE SCHULE

SCHULE

Gehst du zu Fuß zur Schule, oder fährst du mit dem Bus? Wie wäre es mal mit einer Seilrutsche?

Kinder in einem abgelegenen Tal namens Los Pinos in Kolumbien haben nur zwei Möglichkeiten, zur Schule zu kommen. Sie können zum einen zwei Stunden einen gefährlichen Bergpfad entlang wandern, um eine tiefe Schlucht zu durchqueren. Oder sie wählen eine einminütige Fahrt mit der Seilrutsche.

Die Fahrt ist etwa 800 Meter lang. Zwei getrennte Seile, die die Kinder zur Schule und zurück bringen, hängen 30 Meter über der Schlucht. Während der Fahrt können die Kinder auf der Seilrutsche bis zu 90 Kilometer pro Stunde erreichen. Würdest du dich das trauen?

2

KEN ALLEN, DER AUSBRUCHKÖNIG

TIERE

Am 13. Juni 1985 kletterte ein 110 Kilogramm schwerer Orang-Utan aus seinem Gehege im Zoo von San Diego, USA. Er lief einen öffentlichen Bergweg hinunter zu einer Ansammlung von Besuchern.

Ken Allen hielt an, um die anderen Tiere wie ein menschlicher Besucher zu betrachten. Dann wurde er geschnappt und zu seinem Käfig zurückgeführt.

Nach dieser ersten Flucht verstärkten die Zoobeamten die Sicherheit im Dschungelbereich. Ohne Erfolg. Einige Wochen später, im Juli, gelang es ihm, die Umzäunung erneut zu bezwingen.

Später, im August, fand Ken Allen ein Brecheisen in seinem Gehege, das Arbeiter zurückgelassen hatten. Er warf es Vicki, einem anderen Orang-Utan, zu, der damit ein Fenster aufbrach und Ken herausließ.

Die Medien berichteten über Ken Allen, und er wurde zur Berühmtheit. Es bildeten sich zahlreiche Fanclubs, die T-Shirts mit seinem Bild verkauften. Dem Zoo blieb nichts anderes übrig, als über 35.000 Euro auszugeben, um das gesamte Gehege neu abzusichern.

3

WARUM BURGEN WENDELTREPPEN HATTEN

GESCHICHTE

Warst du schon einmal in einer Burg aus dem Mittelalter oder hast welche im Fernsehen gesehen? Vielleicht hast du bemerkt, dass sie alle ähnlich aufgebaut sind: hohe Türme, Steinmauern und ein großes Tor.

Es gibt aber ein Merkmal fast aller Burgen, das oft unentdeckt bleibt. Viele Burgen haben Wendeltreppen, die auf eine bestimmte Weise gestaltet wurden: Man kann sie nur im Uhrzeigersinn hochgehen. Aber warum?

Die Richtung der Wendeltreppen im Uhrzeigersinn erschwerte es Angreifern, mit ihren Schwertern zu kämpfen. Entlang der inneren Kurve der Wand war nicht viel Platz für einen Rechtshänder, um sein Schwert einzusetzen.

Die Bewohner der Burg, die die Treppen hinuntergingen, hatten den Vorteil, dass ihre Schwerthand an der Außenseite der Wand lag und ihnen mehr Raum zum Schwingen gab.

Außer dem Trick mit dem Uhrzeigersinn gab es einen weiteren: die Stufen waren uneben – einige waren höher, andere kürzer. Das brachte Angreifer zum Stolpern.

4

MANCHE LÄNDER HABEN MEHRERE UHRZEITEN

WELT

Alle 24 Stunden dreht sich die Erde um ihre eigene Achse. Eine volle Umdrehung entspricht also einem Tag.

Da die Sonne immer nur eine Seite der Erde beleuchten kann, gibt es Tag und Nacht, und Morgengrauen und Abenddämmerung.

Wenn wir überall auf der Welt dieselbe Uhrzeit hätten, wäre um zwölf Uhr an einigen Orten der Morgen, der Nachmittag, der Abend oder mitten in der Nacht.

Aus diesem Grund hatte sich eine Gruppe von Wissenschaftlern Ende des 19. Jahrhunderts überlegt, die Welt in verschiedene Zeitzonen zu unterteilen.

Manche Länder sind so groß, dass sie mehrere Zeitzonen haben. Russland beispielsweise hat elf verschiedene Zeitzonen. **Während ein Russe um acht Uhr morgens aufwacht, legt sich ein anderer Russe um 23 Uhr schlafen.**

Die meisten Zeitzonen allerdings hat Frankreich. Zusammen mit seinen Übersee-Territorien hat es zwölf Uhrzeiten, manchmal sogar 13, je nach Sommerzeit- oder Winterzeit-Verschiebung.

5

WIE EIN PAPAGEI EINE BEERDIGUNG RUINIERTE

TIERE

Papageien sind intelligente Vögel, die bis zu 75 Jahre alt werden können. **Sie sind bekannt für ihre Fähigkeit, Wörter zu lernen und sie nachzusprechen.**

Dabei haben Papageien keine Stimmbänder wie wir Menschen. Sie erzeugen Laute, indem sie Luft aus ihrer Luftröhre drücken.

Andrew Jackson, der siebte Präsident der USA von 1829 bis 1837, kaufte einen afrikanischen Graupapagei für seine Frau Rachel. Nach ihrem Tod kümmerte er sich selbst um den Vogel.

Jackson war ein hartgesottener Mann, der im Krieg gekämpft hatte. Ein Mann versuchte, ihn bei einer Rede zu erschießen, aber die Waffe zündete nicht. Präsident Jackson, der damals 67 Jahre alt war, schlug den Möchtegern-Attentäter fast besinnungslos mit seinem Gehstock.

Er verbrachte viel Zeit damit, mit dem Vogel zu sprechen – wie sich später bei seiner Beerdigung herausstellte.

Als die Beerdigung startete, begann der Papagei in einer so farbenfrohen Sprache zu fluchen, dass er aus dem Haus entfernt werden musste. In gewisser Weise hatte Jackson also das letzte Wort.

6

ALS EIN BETRÜGER EINEN LÖWEN ERWARTETE

GESCHICHTE

Das Kolosseum in Rom, Italien, ist noch immer das größte je gebaute Amphitheater der Welt. Zwischen 72 und 80 n. Chr. errichtet, war das Kolosseum ein Ort, um die Mitglieder des Kaiserhauses und die Bewohner Roms zu unterhalten.

Der Eintritt war frei. Oft gab es brutale Veranstaltungen, bei denen verurteilte Straftäter gegen wilde Tiere kämpfen mussten.

Einmal bestrafte der römische Kaiser Gallienus einen Händler, der die Kaiserin betrogen hatte. Der Händler hatte ihr statt kostbarer Juwelen nur wertlosen Schmuck aus Glas verkauft.

Der Kaiser ließ den Händler in die Arena des Kolosseums führen, **um ihn einen wilden Löwen zum Fraß vorzusetzen**. Als sich der unterirdische Käfig öffnete, ging jedoch statt eines Löwen ... ein Huhn hinaus – zur ohrenbetäubenden Freude der jubelnden Menge.

Kaiser Gallienus verkündete dem Volk: »Der Händler praktizierte Betrug, und so wurde Betrug an ihm praktiziert.«

Der Händler, der Todesängste ausgestanden hatte, durfte als freier Mann das Kolosseum verlassen.

7

IN WELCHEM ALTER DU AM NERVIGSTEN BIST

MENSCH

Neugierige Kinder stellen in ihren ersten Lebensjahren sehr viele Fragen. Wie viele das sind, haben einige Studien erforscht.

Demnach stellen Kinder zwischen 70 und 400 Fragen pro Tag. Die Fragelust erreicht im Alter von vier Jahren mit im Schnitt täglich 200 bis 300 Fragen ihren Höhepunkt. **Bis zum fünften Lebensjahr haben Kinder im Durchschnitt 40.000 Fragen gestellt.**

Freuen sich die Eltern anfangs über die Neugierde ihrer Kinder, so lässt die Begeisterung darüber im Laufe der Zeit nach. Immerhin stellen die Kinder ihre Fragen von morgens bis zur Schlafenszeit.

Darüber hinaus können die Eltern laut einer Studie nur die Hälfte der Fragen beantworten. Das verwundert nicht, wenn man sich die zehn häufigsten Fragen von Kindern ansieht:

Warum sterben wir? Wo komme ich her? Was ist Gott? Wie wurde ich geschaffen? Was bedeutet »wir können es uns nicht leisten«? Ist der Weihnachtsmann echt? Warum muss ich zur Schule gehen? Mit wem lebe ich, wenn du stirbst? Warum ist der Himmel blau? Warum kann ich nicht so lange aufbleiben wie du?

8

RÖMISCHE ZAHLEN HATTEN EINEN GROSSEN NACHTEIL

SCHULE

Um Handel zu treiben, muss man schriftlich festhalten, wer wem wie viele Waren gibt und wieviel sie kosten. **Die antiken Römer nutzten dafür Buchstaben statt unsere heutigen Zahlen.**

Das »I« stand für die Eins, das »V« für Fünf, das »X« für Zehn, das »L« für 50, das »C« für 100, das »D« für 500 und das »M« für 1000.

Beispielsweise wurde die Jahreszahl 1020 als MXX geschrieben. Das »M« steht für 1000, und die beiden »X« für jeweils zehn.

Für Mathematiker war die Schreibweise mit Buchstaben nicht geeignet. Der größte Nachteil war, dass die Zahl Null fehlte. Diese jedoch gab es bei den Indern, deren Zahlen wir heute noch nutzen.

Daher veröffentlichte im Jahr 1202 der Mathematiker Leonardo da Pisa, auch Fibonacci genannt, ein Buch, um indische Zahlen bekannt zu machen. Dennoch dauerte es bis zum 16. Jahrhundert, bis indische Ziffern von Null bis Neun in den Alltag einzogen.

9

WIE MAN ERDNUSSBUTTER IN DIAMANTEN VERWANDELT

ESSEN

Natürliche Diamanten entstehen in einem Prozess, der Millionen von Jahren dauert. Sie entstehen tief im Inneren der Erdkruste, wo es sehr heiß ist und der Druck extrem hoch.

Über Jahrtausende hinweg wird der vorhandene Kohlenstoff in die Form eines Diamanten gepresst. Auch wenn Meteoriten aus dem Weltall auf die Erde stürzen, kann der Aufpralldruck und die hohe Hitze kleine Diamanten formen.

Wenn man Edelsteine aus Erdnussbutter herstellen will, muss die Butter in gleichem Maße sehr hohen Druck und hoher Temperatur ausgesetzt werden. Um den notwendigen Druck zu erzeugen, wird die Erdnussbutter zwischen zwei bestehenden Diamanten gepresst.

Der daraus resultierende Edelstein ist jedoch nicht besonders schön anzusehen. Die meisten Erdnussbutter-Diamanten sind ziemlich klein – sogar kleiner als ein Gummibärchen.

Außerdem sind sie verfärbt, weil die Erdnussbutter aus verschiedenen Stoffen besteht. Statt strahlend und glänzend sehen Erdnussbutter-Diamanten schlammig aus.

10

DEINE NASENLÖCHER WECHSELN SICH AB

MENSCH

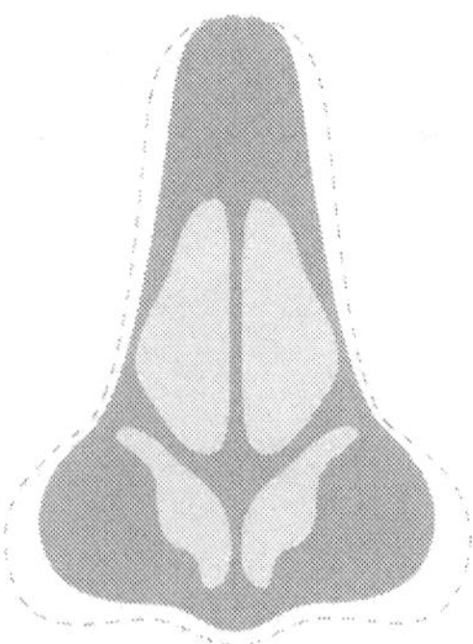

Warum verstopft deine Nase von einem Nasenloch zum anderen?

Der Grund ist, dass deine Nasenlöcher ihre Arbeitslast teilen. Mal ist das eine Loch dran, mal das andere. Das Ganze nennt sich der »Nasenzyklus«.

Wenn du durch die Nase atmest, strömt die meiste Luft durch das eine Nasenloch ein und aus, während durch das andere eine viel geringere Menge hindurchströmt.

Überwacht wird der Nasenzyklus vom autonomen Nervensystem, das sich um alle Dinge kümmert, die du nicht bewusst steuerst, zum Beispiel Herzschlag und Verdauung. Alle paar Stunden schaltet dein autonomes Nervensystem von einem Nasenloch zum anderen. Dann übernimmt das weniger belastete Nasenloch die schwere Arbeit.

Der Nasenkreislauf ist ständig in Bewegung. Aber wenn du krank und wirklich verstopft bist, fühlt sich das Nasenloch, das sich in der Pause befindet, durch die zusätzliche Schleimschicht oft viel stärker verstopft an.

11

DIE DÜMMSTEN BANKRÄUBER DER GESCHICHTE

GESCHICHTE

Am 1. August 1798 wurde bei der Bank von Philadelphia eine enorme Summe in Höhe von 162.821 Dollar aus dem Tresor gestohlen.

Da der Tresor ohne Kratzer oder andere Anzeichen von Gewalt geöffnet wurde, suchte die Polizei nach den Räubern im Umfeld der Bank. Schließlich verhaftete die Polizei Patrick Lyon. Er war der Schreiner, der an den Tresortüren arbeitete.

Die Ermittlungen der Polizei ergaben, dass der Täter nicht alleine gehandelt haben konnte.

Die Spur führte sie zu einem Mann namens Isaac Davis, der nach dem Raub große Summen in die Bank von Philadelphia eingezahlt hatte. Die Polizei konnte es kaum glauben, aber es stellte sich heraus, dass es sich um dasselbe Geld handelte, das zuvor gestohlen wurde.

Beide Männer hatten zusammengearbeitet. Da das Geld der Bank »zurückgezahlt« wurde, zeigte sich der Richter gnädig. Isaac Davis musste nicht ins Gefängnis, und Patrick Lyon wurde aus der Haft entlassen.

12

ERDBEEREN, DIE NACH ANANAS SCHMECKEN

ESSEN

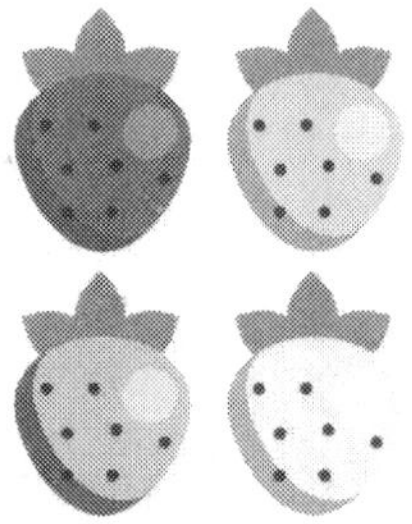

Warum sind rote Erdbeeren eigentlich rot? Dazu müssen wir uns die Entstehung einer Erdbeere ansehen.

Die Blüten der Erdbeeren verwandeln sich in kleine, erbsengroße grüne Erdbeeren. Sie wachsen so lange als kleine grüne Erdbeeren, bis sie eine gewisse Größe und Reife erreichen. Dann werden sie weiß.

Während sie weiter reifen, nutzen die Erdbeeren Eiweiße, um von weiß nach rot zu wechseln. Eines dieser Reife-Eiweiße heißt »Fra a1«. Erdbeeren, die dieses Eiweiß enthalten, werden rot, wenn sie reif sind und gegessen werden können.

Bei weißen Erdbeeren fehlt das Reife-Eiweiß. Sie bleiben auch dann weiß, wenn sie reif sind. Sie heißen Ananaserdbeeren, weil sie nicht nur nach Erdbeere, sondern auch nach Ananas schmecken.

13

WIE HÄUFIG FREITAG, DER 13. IST

WELT

Das Datum »Freitag, der 13.« gilt als ein Tag, an dem besonders große oder viele Unglücke passieren. Das ist natürlich Unsinn.

Dennoch fürchten sich manche Menschen so sehr, dass sie geplante Termine absagen oder gar nicht erst zur Arbeit gehen.

Wie viele Freitage gibt es überhaupt an einem 13.? Es stellt sich heraus, dass es in jedem Jahr mindestens einen Freitag, den 13., gibt.

Jedes Jahr kann es sogar bis zu drei Freitage geben, die auf den 13. fallen. Überraschenderweise stellt sich heraus, dass ein 13. etwas wahrscheinlicher auf einen Freitag fällt, als auf jeden anderen Wochentag. Das liegt daran, dass Schaltjahre einige Wochentage öfter als andere vorkommen lassen.

Manche glauben, dass an einem Freitag, den 13., mehr Verkehrsunfälle passieren – alleine deshalb, weil abergläubische Autofahrer eine andere Strecke als üblich wählen.

Tatsächlich ergaben Untersuchungen des Automobilclubs ADAC, dass an einem Freitag, den 13., weniger Autounfälle geschehen.

14

WIE KUNSTKRITIKER HEREINGELEGT WURDEN

TIERE

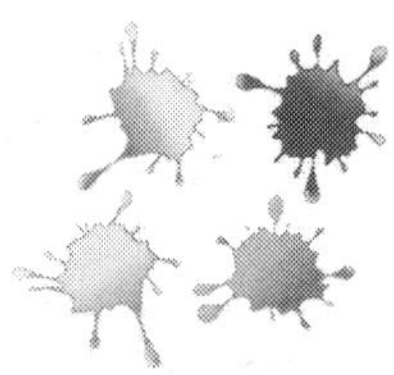

Abstrakte Kunst zeigt Bilder ohne direkt erkennbare Menschen oder Gegenstände. Die Bilder zeigen nur Formen, Linien und Farbklekse. Diese Art der Kunst wurde nach dem Zweiten Weltkrieg immer beliebter.

Für Nicht-Experten ist es schwer, zwischen einem guten und einem schlechten abstrakten Gemälde zu unterscheiden.

Im Jahr 1964 wollte Ake Axelsson, eine schwedische Journalistin, die selbsternannten Experten auf die Probe stellen. Sie fand einen besonderen Künstler: Pierre Brassau. Sein Werk wurde in Göteborg, Schweden, ausgestellt.

Die Kritiker liebten Pierre Brassaus Bilder und lobten seine »klare Entschlossenheit« und »kraftvollen Striche«. Bald fragte sich jeder, wie ein so begabter Künstler so lange unentdeckt bleiben konnte.

Kurze Zeit später löste die Journalistin das Rätsel. Sie verrict, dass der Künstler im Göteborger Tierpark lebte. Pierre Brassau war ein Schimpanse.

Nur ein einziger Kritiker hatte bei der Ausstellung das Werk abgelehnt. Seine Worte waren: »Nur ein Affe hätte das malen können«.

15

MIT DEM AUTO INS ALL

WELTRAUM

Bist du bereit für ein kleines Gedankenspiel? Gut. Stelle dir vor, du würdest ein Auto fahren, mit einer Geschwindigkeit von 50 Kilometern pro Stunde. Das ist etwa so schnell, wie die Autos an deinem Wohnort fahren.

Und stelle dir jetzt vor, du könntest mit diesem Auto aufwärts fahren. Wie lange würde es dann dauern, bis du am Mond ankämst?

Der Astronom Fred Hoyle war der Erste, der darauf hinwies, dass man mit diesem recht langsamen Auto nur etwa zwei Stunden brauchen würde, bis man den Weltraum erreicht.

Um den Mond zu erreichen, müsstest du etwas länger fahren, da er 400.000 Kilometer entfernt ist – etwa das Zehnfache des Erdumfangs.

Denken wir mal nicht an alle möglichen Probleme, die bei dieser Mondfahrt auftreten würden, wie den Mangel an Luft für deine Lungen, oder das Problem, unterwegs Tankstellen und Toiletten zu finden.

Dann würde es so lange dauern, wie zwanzig Mal um die Welt zu fahren: knapp ein Jahr, ohne Pausen.

16

DIE CHILENEN BEI DER FUSSBALL-WM 1962

SPORT

Chile war Veranstalter der Fußball-Weltmeisterschaft 1962, obwohl es zwei Jahre zuvor ein starkes Erdbeben gegeben hatte.

Chile gewann die ersten beiden Vorrundenspiele gegen die Schweiz (3:1) und Italien (2:0). Das dritte Spiel verloren sie gegen Deutschland mit 1:2.

Im Viertelfinale besiegte Chile den Europameister UdSSR mit 2:1, während Deutschland mit einer 0:1-Niederlage gegen Jugoslawien ausschied.

Dann verlor Chile im Halbfinale gegen den späteren Weltmeister Brasilien mit 2:4, holte sich aber den dritten Platz gegen Jugoslawien mit einem 1:0-Sieg.

Das war der größte Erfolg von Chile bei einer Fußball-WM. Warum? Man sagt, das Team soll Schweizer Käse vor dem Sieg über die Schweiz gegessen haben, Spaghetti vor dem Sieg über Italien und Wodka vor dem Sieg über die UdSSR getrunken haben. Leider half Kaffeetrinken nicht vor dem Halbfinalspiel gegen Brasilien.

17

WAS HABEN DIE WÖRTER TOR, ROT UND ORT GEMEINSAM?

SPRACHE

Wenn man die Buchstaben eines Wortes so umstellt, dass daraus ein neues, sinnvolles Wort entsteht, **so nennt man das neue Wort ein Anagramm.**

Zum Beispiel kann man die Buchstaben des Wortes »Reifen« so umstellen, dass daraus die Wörter »Ferien« oder »feiern« werden.

Im Folgenden findest du ein paar der schönsten Beispiele:

Einbrecher – bereichern
Burger King – Bring Gurke
Chaos – Ach so!
Helm – Lehm – Mehl
Gartenbeet – abgeerntet
Atlas – Salat
Ampel – Lampe – Palme
Sonnenaufgang – Neuanfang-Song
Donner – Dornen – Norden
Steuerverfahren – Frauenversteher
Sport – Prost
Aschenputtel – Plueschtante

18

EISBÄREN SIND GAR NICHT WEISS

TIERE

Welche Farbe hat ein Eisbär? Natürlich weiß, oder? Überraschenderweise ist unter dem flauschigen Fell die Hautfarbe von Eisbären schwarz.

Eisbärenjunge haben in ihren ersten 150 Lebenstagen eine rosa Haut. Mit zunehmendem Alter wird sie dann schwarz. Man sieht ihre schwarze Haut kaum, da sie unter einem dicken Fell liegt. Die einzige sichtbare schwarze Haut befindet sich an den Fußballen und der Nase.

Die schwarzen Hautfarbe ist eine Anpassung an das raue Schneeklima. Sie reflektiert kein Licht. Dadurch überleben Eisbären selbst dann, wenn die Temperatur unter den Gefrierpunkt fällt, weil ihre schwarze Haut genug Sonnenenergie gesammelt hat, die sie warm hält.

Aber warum scheinen Eisbären weiß zu sein? Der flauschige Pelz besteht aus zwei Schichten. Die innere Schicht besteht aus kurzen Haaren und die äußere aus längeren Schutzhaaren. Diese Schutzhaare sind durchsichtig und hohl. Dadurch sieht der Eisbär weiß aus, weil jedes dieser hohlen Haare Licht reflektiert, genau wie Schnee.

19

HEISSES WASSER GEFRIERT SCHNELLER ALS KALTES

WISSENSCHAFT

Friert heißes Wasser schneller als kaltes? Es scheint offensichtlich, dass die Antwort »nein« lauten sollte. Heißes Wasser braucht länger zum Abkühlen als kaltes Wasser, und deshalb sollte es nicht schneller gefrieren.

Aber Beobachtungen über Tausende von Jahren sowie zahllose moderne Experimente haben gezeigt, dass das Gegenteil der Fall ist: Heißes Wasser gefriert manchmal schneller als kaltes Wasser.

Das Phänomen heißt der »Mpemba-Effekt«, benannt nach Erasto Mpemba, einem Schüler aus Tansania, der 1963 im Rahmen eines Schulprojektes Eiscreme herstellten sollte.

Die Schüler kochten eine Mischung aus Sahne und Zucker, ließen sie abkühlen und legten sie dann in den Gefrierschrank. Mpemba hatte Angst, keinen Platz mehr im Gefrierfach zu bekommen, daher legte er seine Mischung schon hinein, als sie noch kochend heiß war.

Nach 90 Minuten war seine Mischung gefroren, während die Mischungen seiner Klassenkameraden noch nicht gefroren waren.

Gemeinsam mit dem Physikprofessor Denis Osborne veröffentlichte er 1969 eine Arbeit, die zeigte, dass heißes Wasser schneller gefriert als kaltes.

20

JACK BLACK, DER BESTE RATTENFÄNGER

GESCHICHTE

Jack Black war ein Rattenfänger und Maulwurfzerstörer aus England in der Mitte des 19. Jahrhunderts.

Black sah ulkig aus. Er trug eine selbst gemachte »Uniform«, bestehend aus einer grünen Weste, einer roten Reithose und einer riesigen Lederschärpe, die mit gusseisernen Ratten besetzt war. Black nannte sich selbst »offizieller Rattenfänger der Königin«, aber er hatte nie eine königliche Vollmacht.

Als er Ratten mit ungewöhnlichen Farben fing, züchtete er sie, um neue, farbige Rassen zu etablieren. **Diese selbst gezüchteten, farbigen Ratten verkaufte er als Haustiere.**

Wer aber wollte schon Ratten kaufen? Arme Arbeiter, die sich kein teures Haustier leisten konnten? Im Gegenteil. Es waren anspruchsvolle Hofdamen, die solche Haustier-Ratten in zierlichen, vergoldeten Käfigen hielten. Selbst Königin Victoria soll eine oder zwei Ratten gehalten haben.

21

WARUM DU IMMER BEI 6174 LANDEST

SCHULE

Nimm eine beliebige vierstellige Zahl, befolge diese Schritte, und du erhältst immer das Ergebnis 6174.

1. Wähle eine beliebige vierstellige Zahl. Die einzige Bedingung ist, dass sie mindestens zwei verschiedene Ziffern hat.
2. Ordne die Ziffern der vierstelligen Zahl einmal in absteigender und einmal in aufsteigender Reihenfolge.
3. Ziehe die kleinere Zahl von der größeren ab.
4. Wiederhole die Schritte 2 und 3, bis du 6174 erhältst.

Nach maximal sieben Durchgängen kommst du auf die Zahl 6174, die als »Kaprekar-Konstante« bekannt ist.

Beispiel: die vierstellige Zahl 4551. Wir ordnen die Ziffern in eine kleine und eine große Zahl. Dann ziehen wir die kleinere von der größeren Zahl ab: 5541 - 1455 = 4086. Nächster Schritt: 8640 - 0468 = 8172. Dann: 8721 - 1278 = 7443. Dann: 7443 - 3447 = 3996. Dann: 9963 - 3699 = 6264. Dann: 6642 - 2466 = 4176. Dann: 7641 - 1467 = 6174. Da ist sie, die Kaprekar-Konstante.

22

DER SCHREIBMASCHINEN-FUNKTIONSTEST

SPRACHE

Vor dem Computer-Zeitalter gab es mechanische Schreibmaschinen, um Texte auf Papier zu bringen. Nach dem Bau einer Schreibmaschine musste kontrolliert werden, ob alle Buchstaben der Maschine funktionierten. Dazu verwendete man Pangramme.

Ein Pangramm ist ein Satz, der alle Buchstaben des Alphabets enthält. Er sollte möglichst kurz sein, damit das Testen der Schreibmaschine schnell vonstatten ging.

Ein beliebtes Pangramm auf Deutsch ist **»Franz jagt im komplett verwahrlosten Taxi quer durch Bayern«**. In diesem Satz kommen alle Buchstaben des Alphabets vor.

Deutsche Pangramme sind schwer zu erstellen, weil die deutsche Sprache nur fünf Vokale hat. Noch schwerer wird es, wenn die Umlaute »ä«, »ö« und »ü«, sowie »ß« vorkommen sollen, aber es geht: »Zwölf Boxkämpfer jagen Viktor quer über den großen Sylter Deich«.

Pangramme gibt es auch in anderen Sprachen, zum Beispiel auf Englisch: »The quick brown fox jumps over the lazy dog« (Der schnelle, braune Fuchs springt über den faulen Hund).

Auf Französisch: »Portez ce vieux whisky au juge blond qui fume« (Tragt diesen alten Whisky zum blonden, rauchenden Richter).

23

PIZZA FÜR DIE RAUMFAHRER

WELTRAUM

Im Jahr 2000 startete die Pizzakette »Pizza Hut« einen internationalen Werbefeldzug, um mehr Pizzas zu verkaufen. Das Unternehmen ließ zunächst ein neun Meter großes »Pizza Hut«-Logo auf einer sowjetischen, unbemannten Weltraumrakete platzieren.

Das aber war nur der Anfang. Monatelang arbeiteten russische Lebensmittelwissenschaftler und Pizza Hut im Geheimen zusammen.

Schließlich gelang der große Erfolg: Pizza Hut lieferte eine Pizza direkt an die Raumfahrer auf der Internationalen Raumstation.

Dabei handelte es sich übrigens um eine Salami-Pizza mit Käse und Tomatensoße. Die Pizza war nur 15 Zentimeter groß, damit sie in den kleinen Ofen an Bord der Raumstation passte.

24

VORSICHT, KOSMONAUTEN: BÄREN!

WELTRAUM

Während amerikanische Astronauten aus Sicherheitsgründen keine Waffen mit ins Weltall nehmen, war für russische Kosmonauten zwischen 1982 und 2006 eine Schrotflinte mit an Bord. Warum? **Zur Selbstverteidigung gegen Bären.**

Amerikanische Astronauten landen nach einer Raumfahrt mit einer Kapsel im Meer. Russische Kosmonauten aber landen mit ihrer Kapsel auf der Erde, irgendwo in Sibirien. Das ist so weitläufig, dass es manchmal Tage dauert, um die Kosmonauten zu finden und zu bergen.

Für diese Zeit des Wartens bis zum Eintreffen der Rettungsmannschaft führten Kosmonauten eine Schrotflinte mit. Das geht auf den Kosmonauten Alexei Archipowitsch Leonow zurück, der einmal vier Tage in der sibirischen Wildnis warten musste, bis er geborgen wurde.

Er befürchtete, dass die damals mitgeführte kleine Pistole gegen wilde Tiere wie Braunbären nicht ausreichen würde.

25

WARUM HALLOWEEN AM 31. OKTOBER GEFEIERT WIRD

WELT

Die Ursprünge von Halloween gehen auf das alte keltische Fest Samhain zurück. Die Kelten, die vor 2000 Jahren im heutigen Irland, England und Nordfrankreich lebten, feierten ihr neues Jahr am 1. November.

Dieser Tag markierte das Ende des Sommers und der Ernte. Er war gleichzeitig der Beginn des dunklen, kalten Winters – einer Jahreszeit, die oft mit dem Tod in Verbindung gebracht wurde.

Die Kelten glaubten, dass in der Nacht vor dem Jahreswechsel, **am 31. Oktober**, die Grenze zwischen der Welt der Lebenden und der Welt der Toten verwischt wurde. Man glaubte, dass die Geister der Toten auf die Erde zurückkehrten.

Zum Gedenken an dieses Ereignis errichteten keltische Priester riesige Lagerfeuer, in denen sich die Menschen versammelten, um Getreide und Tiere als Opfer für die keltischen Gottheiten zu verbrennen.

Während der Feierlichkeiten trugen die Kelten Kostüme, die in der Regel aus Tierköpfen und Fellen bestanden, und versuchten, sich gegenseitig die Zukunft vorauszusagen.

26

EIN STREAMINGDIENST IM 19. JAHRHUNDERT?

GESCHICHTE

Streamingdienste sind sehr beliebt. Mit ihnen kannst du übers Internet Musik hören, Spiele spielen und Videos anschauen.

Aber kannst du dir vorstellen, dass es schon vor über einhundert Jahren einen Streamingdienst gab? Diese Ehre gebührt dem »Telharmonium«. Erfunden wurde es 1897 von dem Rechtsanwalt Thaddeus Cahill. Es war im Grunde so eine Art Spotify.

Das Telharmonium nutzte Telefonnetze, um Musik von einem einzigen Gebäude im Zentrum Manhattans an viele Restaurants, Hotels und Wohnungen in ganz New York zu übertragen. Wer diese Art von Musik hören wollte, nahm seinen Telefonhörer ab und bat den Betreiber, ihn mit dem Telharmonium zu verbinden.

Die Musik wurde live in einer so genannten »Musikfabrik« erzeugt, mit Hilfe von 200 Tonnen Maschinen und Musikern, die auf großen Tastaturen Dynamos in Bewegung setzten.

Zwei Spieler spielten ununterbrochen 24 Stunden am Tag. Leider war der Betrieb der Anlage auf Dauer zu teuer, und Cahills Unternehmen meldete 1914 Bankrott an.

27

EIN TIER FÜR GOOGLE STREET VIEW

TIERE

Google Street View ist ein Online-Dienst der amerikanischen Suchmaschine Google. Es bietet Rundum-Ansichten aus der ganzen Welt, als würdest du selbst die Straße entlangfahren. Du findest Street View im Kartendienst Google Maps.

Im Jahr 2014 wollte Google die Wüstenlandschaft Abu Dhabis für Street View fotografieren. Aber wie sollte Google das anstellen? Gewöhnliche Autos können keine Wüstendünen erklimmen.

Hier kam Raffia ins Spiel, ein zehn Jahre altes Kamel. **Es war das erste Tier, das bei Googles Kartierung half.**

Raffia und sein Führer gingen bereits um sechs Uhr morgens in die Wüste, um gutes Licht einzufangen. Das Kamel trug mehrere Kameras auf seinen Höckern. Die daraus entstandenen Filme und Fotos zeigen rollende Sanddünen in der Wüste, eine Oase, Kamelkollegen, wenig Schatten und sehr viel Sand.

Die Bilder von Google Street View werden meist von fahrenden Autos aus aufgenommen. Aber Kameras wurden auch schon an Personen und Dreirädern befestigt, und unter Wasser angebracht.

28

SIE HABEN SCHON WIEDER POST!

GESCHICHTE

Im Jahr 1830 wurden Briefe in England ganz anders abgerechnet als heute.

Du musstest das Porto für die Briefe nicht nach Gewicht bezahlen, sondern nach der Anzahl der Seiten und nach der Länge der Strecke, die der Postbote gehen musste.

Außerdem zahlte nicht der Absender, sondern der Empfänger. So konnte man einen Arbeiter in den Ruin treiben, denn ein durchschnittlicher Brief kostete etwa einen Tagelohn.

Eine weitere Kuriosität: **Der Briefträger ging täglich zwölf Mal an jedem Haus vorbei.** So begann die erste Lieferung morgens um 7:30 Uhr und die letzte abends um 19:30 Uhr. Die Leute beschwerten sich sogar, wenn ein Brief nicht innerhalb einiger Stunden ankam.

Ein Jahrzehnt später wurden billigere Postgebühren eingeführt, bei denen die Entfernung und die Anzahl der Seiten egal waren. Das führte aber zu einem neuen Problem: Werbesendungen.

29

WARUM DIE ZAHL 555 SO HÄUFIG IN FILMEN AUFTAUCHT

WELT

Was haben die Filme »Zurück in die Zukunft«, »Ghostbusters« und viele andere gemeinsam? Eine Telefonnummer.

Es gibt Menschen, die verwechseln Filme mit dem echten Leben. Als in der Fernsehserie »Lindenstraße« eine Wohnung frei wurde, riefen viele Leute beim Sender an, um die Wohnung zu mieten – obwohl es sie nur als Filmkulisse gab.

Aus diesem Grund verwenden amerikanische Filme wie »Ghostbusters« die Zahl 555 als Telefonvorwahl. Diese Vorwahl ist in den USA nicht vergeben, so dass Anrufe an die Nummer ins Leere führen.

Im Jahr 1994 kamen die Telefongesellschaften auf die Idee, dass sie mit der Vorwahl 555 Geld verdienen sollten. Privatleute zahlten 2000 Euro für eine Nummer mit dieser Vorwahl. Daher sind nur noch die Telefonnummern 555-0100 bis 555-0199 für Filme reserviert.

Es gibt aber auch Filme, die sich einen Spaß erlauben und echte Telefonnummern erwähnen. In der Comedy-Serie »Scrubs« bekam die Hauptperson ein Gerät, das unter 916-CALL-TURK erreichbar war.

Wenn Fans der Show unter dieser Nummer anriefen, bekamen sie eine aufgezeichnete Nachricht, dass sie für die Show bei einem Beliebtheits-Wettbewerb abstimmen sollten.

30

GIRAFFEN HABEN SO VIELE HALSKNOCHEN WIE WIR

TIERE

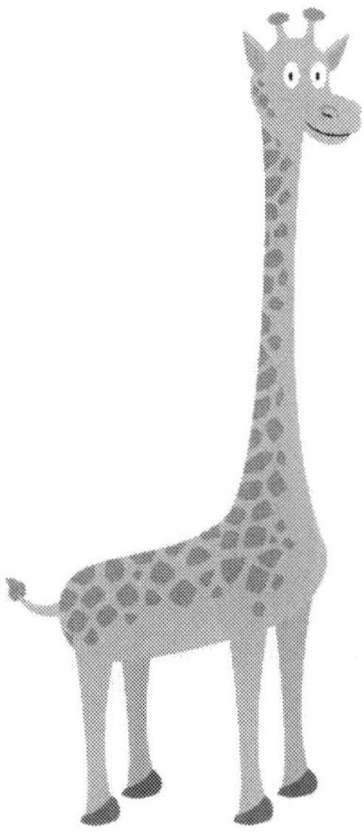

Wusstest du, dass Giraffen eines der größten Landtiere der Erde sind?

Eine Giraffe könnte in ein Fenster im zweiten Stock hineinschauen, ohne auf den Zehenspitzen stehen zu müssen.

Giraffen haben ein Fleckenmuster, das dem eines Leoparden ähnelt. Lange Zeit nannten Menschen daher die Giraffe »Kamel-Leopard«, weil sie glaubten, dass es sich bei der Giraffe um eine Kombination aus Kamel und Leopard handelte.

Der Hals ist außergewöhnlich lang: ein Meter und 80 Zentimeter, etwa so groß wie ein erwachsener Mensch. Und auch wenn man es auf der Zeichnung nicht sieht: Der Hals ist genauso lang wie die Beine einer Giraffe.

Erstaunlicherweise wird der Hals von nur sieben Halsknochen gehalten – ebenso viele wie beim Menschen. Bei Giraffen kann jeder Halswirbel jedoch über 25 Zentimeter lang sein.

31

PFLANZEN MÖGEN MUSIK

WISSENSCHAFT

Musik für Pflanzen abzuspielen, klingt erst einmal seltsam. Musik, aber auch einzelne Töne, fördern das Pflanzenwachstum.

In einer Studie wuchsen Pflanzen schneller, die sechs Stunden am Tag Geräuschen ausgesetzt waren, als Pflanzen, bei denen Stille herrschte.

Die Art der Klänge spielte dabei keine Rolle. Dieselbe Studie zeigte, dass Musik zwar das Wachstum der Pflanzen förderte, aber nicht wirksamer war als Alltagsgeräusche. Anders ausgedrückt: Pflanzen unterscheiden nicht zwischen Musik und anderen Geräuschen.

Die Ursache ist unklar. Es wird vermutet, dass Pflanzen »Mechanorezeptoren« haben, die auf Druck reagieren – wie zum Beispiel auf Schallwellen, die aus gepressten Luftmolekülen bestehen.

Beim Menschen helfen Mechanorezeptoren im Ohr, Sprache und Musik zu unterscheiden. Wenn Pflanzen ähnliche Rezeptoren haben, wäre das eine Erklärung, warum sie auf Schallwellen reagieren.

32

BESSER DENKEN MIT EINER FREMDSPRACHE

SPRACHE

Früher glaubte man, dass eine Fremdsprache dem Gehirn eines Kindes schaden würde. Heute wissen wir, dass das Gegenteil der Fall ist. Das haben zahlreiche Studien und Experimente bewiesen.

Beim Spiel »Memory«, bei der man sich Kartenpaare merken muss, waren zweisprachige Fünfjährige deutlich schneller als einsprachige. Was Studien noch herausgefunden haben:

- Zweisprachige Menschen können sich besser auf eine Sache konzentrieren.
- Zweisprachige Menschen sind weniger gestresst und seltener traurig.
- Zweisprachige Menschen erkennen schneller, was andere mit Gesicht und Körpersprache sagen wollen.
- Zweisprachige Menschen können besser an mehreren Projekten gleichzeitig arbeiten.
- Sie können sich besser Namen und Richtungen merken.
- Zweisprachige Menschen treffen vernünftigere Entscheidungen, besonders, wenn es um Geld geht.

33

SIND ERDBEEREN ODER WASSERMELONEN BEEREN?

ESSEN

Eine Erdbeere ist keine Beere – aber eine Wassermelone schon? Ja, es stimmt.

Was macht eine Beere eigentlich zur Beere? Einfach erklärt haben Beeren Samen nicht außen, sondern im Inneren der Frucht. Und schon beim Anblick einer Erdbeere siehst du, dass ihre Samen rund um die Außenseite der Frucht verstreut sind.

Wenn Erdbeeren keine echten Beeren sind, was sind sie dann? Erdbeeren werden als »Sammelfrüchte« bezeichnet. Das sind Früchte, die aus den Fruchtblättern einer einzelnen Blüte stammen.

Eine Beere ist nur dann eine Beere, wenn sie aus einem Fruchtblatt oder mehreren Fruchtblättern hervorgeht und mehrere Samen mit ihrem Fruchtfleisch umfasst. Daher sind trotz ihres Namens Himbeeren und Brombeeren keine Beeren.

Die folgenden Früchte aber zählen überraschenderweise zu den Beeren: Ananas, Aubergine, Avocado, Banane, Datteln, Gurken, Kiwi, Kürbis, Orangen, Paprika, Tomate und ... die Wassermelone.

34

TRICKS, UM SCHNELL ZU MULTIPLIZIEREN, TEIL 1

SCHULE

Schnell multiplizieren zu können, spart dir wertvolle Zeit in den Mathearbeiten. Hier einige Tricks dazu.

Wie du schnell mit neun multiplizierst: Multipliziere zuerst mit zehn, indem du einfach eine Null an die Zahl hängst. Dann ziehst du die ursprüngliche Zahl davon ab.

Beispiel 9 * 15: Ergänze eine Null zur 15, und du erhältst 150. Nun ziehe die 15 von der 150 ab, und das endgültige Ergebnis ist 135. So schnell hast du noch nie 9 * 15 gerechnet.

Wie du schnell mit elf multiplizierst: Die Multiplikation zweistelliger Zahlen mit elf ist mit diesem cleveren Trick ein Kinderspiel. Addiere einfach die beiden Ziffern und setzte die Summe in die Mitte. Das ist schon alles.

Beispiel 11 * 25: Addieren zwei und fünf zusammen, und du erhältst sieben. Nun setze diese Sieben in die Mitte zwischen den beiden Ziffern. Die endgültige Lösung ist 275. Das ist wirklich einfach.

35

TRICKS, UM SCHNELL ZU MULTIPLIZIEREN, TEIL 2

SCHULE

Wie du schnell mit zwei multiplizierst: Eine kleine Zahl zu verdoppeln, ist meist kein Problem. Schwieriger wird es bei größeren Zahlen. Aber dafür gibt es einen einfachen Trick.

Wenn du beispielsweise eine dreistellige Zahl verdoppeln willst, dann unterteile sie in Hunderter, Zehner und Einer. Nun verdoppelst du einfach diese Elemente und addierst sie aufeinander.

Beispiel 2 * 439: Wenn du 439 verdoppeln willst, dann teile die Zahl in 400 + 30 + 9 auf. Nun verdoppele ihre Elemente: 800 + 60 + 18. Wenn du sie zusammenzählst, erhältst du die endgültige Lösung 878. Dieser Trick funktioniert mit beliebigen Zahlen, auch zwei-, vier- oder fünfstellige Zahlen.

Wie du schnell mit vier multiplizierst: Verdoppele die Zahl, und dann verdoppele das Ergebnis noch einmal, um die Lösung zu erhalten. Zum Verdoppeln kannst du den Trick von oben anwenden.

Beispiel 4 * 16: Verdoppele die 16, und du erhältst 32. Verdoppele diese Zahl erneut, und du erhältst als endgültige Lösung 64.

Beispiel 4 * 52: Der Weg ist 52 —> 104 —> 208.

36

DU HAST LÖCHER IN DEINEN AUGENLIDERN

MENSCH

Manchmal spürst du einen Juckreiz im Auge, als ob eine Wimper in das Auge eingedrungen wäre. Wenn du aber ins Badezimmer gehst und im Spiegel nachsiehst, dann findest du die Wimper nicht. Der Juckreiz hatte eine andere Ursache.

Was dir bei der Untersuchung der Augenlider auffallen könnte, sind zwei kleine Löcher – eines im Oberlid und eines im Unterlid. Sie sind so klein, dass die meisten Menschen sie noch nie bemerkt haben. Diese winzige Löcher hat jeder Mensch – aber wofür?

Die Löcher nennt man Tränenpünktchen. Früher dachte man, dass diese Löcher die Tränen produzieren würden. Tatsächlich sind sie aber Teil des Entwässerungssystems.

Stelle dir die Tränenpünktchen als die Öffnungen zu einem Kanal vor, der dein Auge mit dem Tränensack verbindet. Die Tränendrüsen produzieren die Tränen, und die Tränenpünktchen sammeln und entwässern sie.

Die Tränen fließen dann vom Tränensack zum Tränenkanal in der Nase ab. Das ist der Grund dafür, warum du nach dem Weinen eine laufende Nase hast.

37

STARS HABEN OFT LANGWEILIGE NAMEN

WELT

Stars aus Fernsehen und Internet sind eigentlich wie wir. Sie werden zum Beispiel mit langweiligen Namen geboren. Hier eine Liste von Stars, die vor Beginn ihrer Karriere den Namen geändert haben.

- Die Sängerin Katy Perry hieß Katheryn Elizabeth Hudson.
- Der Physiker Albert Einstein hieß Albert Brooks.
- Der Regisseur Woody Allen hieß Allen Konigsberg.
- Der Musiker Jay-Z hieß Shawn Corey Carter.
- Die Sängerin Miley Cyrus hieß Destiny Hope Cyrus.
- Die Musikerin Rihanna hieß Robyn Rihanna Fenty.
- Der Sänger Bruno Mars hieß Peter Gene Hernandez.
- Der Zauberkünstler Harry Houdini hieß Ehrich Weiss.
- Die Sängerin P!nk hieß Alecia Beth Moore.
- Lady Gaga hieß Stefani Joanne Germanotta.
- Die Sängerin Alicia Keys hieß Alicia Augello Cook.
- Der Musiker John Legend hieß John Roger Stephens.
- Schauspielerin Natalie Portman hieß Neta-Lee Hershlag.

38

POPEL ESSEN IST GUT FÜR DEIN IMMUNSYSTEM

MENSCH

Schon als Kleinkind wird uns beigebracht, dass Nasenbohren eine eklige Angewohnheit ist.

Nicht nur ist es unhygienisch, das Nasenbohren kann auch die empfindliche Haut unserer Nasenlöcher einreißen und das Risiko einer schmerzhaften Nasen-Nebenhöhlenentzündung erhöhen.

Eine Studie hat jedoch ergeben, dass Menschen, die in der Nase bohren, gesünder sein könnten.

Für das Immunsystem ist die Nase ein Filter, in dem sich viele Bakterien sammeln. Wenn diese Mischung im Darm ankommt, wirkt sie wie ein Medikament. Die Wissenschaftler schreiben, dass das Essen von Nasensekret zu einem besseren Immunsystem führen kann. Außerdem bekämpfen die Popelbakterien kariesverursachende Bakterien an den Zähnen, Atemwegserkrankungen und Magengeschwüre.

39

GLITTER WURDE AUF EINEM BAUERNHOF ERFUNDEN

GESCHICHTE

Ein Viehbauer aus der amerikanischen Stadt New Jersey erfand den heute üblichen Glitter – aus Versehen.

Glimmerpuder wurden bereits im Jahr 40.000 v. Chr. in Höhlenmalereien verwendet, wahrscheinlich wegen ihrer funkelnden, lichterzeugenden Funktion.

Auch von alten Zivilisationen, wie den Ägyptern, Chinesen und Römern, weiß man, dass sie Glitter einsetzten – aber immer nur in kleinen Mengen.

Im Jahr 1934 wollte der amerikanische Viehbauer und Mechaniker Henry Ruschmann aus Bernardsville, New Jersey, einen großen Haufen Plastik loswerden.

Er mahlte das Plastik mit seinen Maschinen und fand heraus, dass er auf diese Weise große Mengen Glitter herstellte.

Ruschmann erkannte den Wert seiner Erfindung und gründete das Unternehmen Meadowbrook Inventions. Das Unternehmen ist noch heute ein wichtiger Lieferant der Substanz.

40

WOMIT CHIPSTÜTEN GEFÜLLT WERDEN

ESSEN

Kennst du die Enttäuschung, wenn du eine Chipstüte aufreißt, und es stellt sich heraus, dass sie nur zur Hälfte gefüllt ist?

Es ist eine bewusste Entscheidung der Snack-Hersteller, die Packungen nur zur Hälfte zu befüllen. Niemand mag eine Chipstüte, in der nur Krümel vorhanden sind. Aus diesem Grund soll die hinzugefügte Luft die Chips schützen, wenn die Packungen in einem Lieferwagen herumgeschoben oder im Supermarkt gestapelt werden.

In der Chipstüte befindet sich keine gewöhnliche Luft. Tatsächlich handelt es sich um Stickstoff. Normale Luft mit viel Sauerstoff würde dazu führen, dass die Kartoffeln verderben und das Öl ranzig würde. Außerdem ließe die in der Umgebungsluft enthaltene Feuchtigkeit die Chips feucht werden.

Die Packungen werden also mit Stickstoffgas gefüllt, damit die Chips frisch bleiben. Stickstoff ist in keiner Weise schädlich, weil auch die Luft, die wir einatmen, mehrheitlich aus Stickstoff besteht.

Immerhin weißt du jetzt, dass man verpackte Lebensmittel nicht nach der Größe auswählen sollte.

41

VOLLEYBALL WURDE MIT EINER BASKETBALLBLASE GESPIELT

SPORT

Der amerikanische Sportlehrer William G. Morgan war im Winter 1895 auf der Suche nach einer Sportart für ältere, gesundheitlich angeschlagene Menschen. Er kombinierte Elemente aus anderen Sportarten wie Basketball, Tennis und Handball, schuf aber doch etwas ganz Eigenes. **Volleyball war geboren, hieß aber anfangs noch »Mintonette«.**

Ursprünglich verwendeten Volleyballspieler Bälle, die mit der Blase eines Basketballs hergestellt wurden. Der Grund war, dass nur vier Jahre zuvor wenige Kilometer von Morgans Schule entfernt Basketball erfunden wurde.

Die Blase eines Basketballs erwies sich aber als zu leicht und daher zu langsam in der Luft. Schließlich wurde eine Blase aus Latex wie bei einem Fahrradreifen genommen. Die zweite Schicht darüber war ein käsetuchartiges Material, um das eine dritte Lage Leder genäht wurde.

In den folgenden Jahren wurde deutlich, dass der Ball »volley«, also mit viel Schwung, gespielt wurde. Daher wurde der Name »Volley Ball« vorgeschlagen, der seit 1952 in einem Wort geschrieben wird.

42

FALLS DU MAL NICHT EINSCHLAFEN KANNST ...

WELTRAUM

Hast du schon einmal in den Nachthimmel geschaut und dich gefragt, wie viele Sterne es im Weltall gibt? Diese Frage fasziniert Menschen seit Anbeginn der Zeit auf der ganzen Welt.

Leider ist die Frage sehr schwer zu beantworten. Wenn du in einer klaren Nacht in den Himmel schaust, wirst du mit bloßem Auge höchstens einige hundert einzelne Sterne sehen. Bereits mit einem bescheidenen Amateurteleskop kannst du Millionen weitere entdecken.

Wir fassen Gruppen von Sternen zusammen und nennen sie Galaxien. Die Sonne und unsere Planeten gehören zu einer Galaxie namens Milchstraße. Astronomen schätzen, dass es alleine in der Milchstraße etwa 100 Milliarden Sterne gibt. Aber um die Milchstraße herum gibt es noch Millionen und Abermillionen weiterer Galaxien mit jeweils Milliarden von Sternen.

Niemand würde versuchen, Sterne einzeln zu zählen. Stattdessen messen wir die Anzahl und Leuchtkraft von Galaxien. Das erlaubt uns immerhin eine sehr grobe Schätzung.

Eines ist jedenfalls sicher: Wenn du einmal nicht einschlafen kannst, dann zähle nicht Schafe, sondern Sterne. Es gibt so viele, dass du nicht zum Ende kommst und garantiert vorher einschlafen wirst.

43

WIE EIN FILM WISSENSCHAFTLER INSPIRIERTE

WELTRAUM

Wenn dich das Weltall interessiert, dann ist »Interstellar« ein preisgekrönter Kinofilm, den du dir mal angucken solltest. Er ist freigegeben ab 12 Jahren.

Interstellar spielt in einer ausgedachten Zukunft, in der die Menschheit die Erde verlassen muss und ein neues Zuhause auf einem anderen Planeten sucht.

Der Physiker und Nobelpreisträger Kip Thorne beriet die Filmemacher, damit die technischen und wissenschaftlichen Dinge im Film korrekt dargestellt wurden.

Thorne stellte den Ingenieuren einer Filmfirma echte Formeln und Gleichungen aus der Physik zur Verfügung, **die damit neue Softwareprogramme für die Filmeffekte schrieben.**

Der Film zeigt ein Wurmloch und ein sich drehendes Schwarzes Loch offenbar so genau, dass drei andere Wissenschaftler neue Erkenntnisse daraus gewannen und Fachaufsätze veröffentlichten.

44

WITZIGE VERTAUSCHUNGEN

SPRACHE

Kennst du eine »Kuseschmatze«, ein »Bräsekötchen« oder die »Kumpelrammer«? Diese »Spoonerismen« entstehen, wenn man die Buchstaben von Wörtern oder Silben vertauscht. Gemeint sind natürlich »Schmusekatze«, »Käsebrötchen« und »Rumpelkammer«.

Benannt wurde der Spoonerismus nach William Spooner (1844 – 1930), der Rektor am New College in Oxford war. **Er pflegte diesen sprachlichen Tick zur Erheiterung der Studenten.**

Finde die ursprünglichen Wörter dieser Spoonerismen:

- Bammelsand, Baumschad, Buchen kacken
- Dummer Stenker, Eidreck, Futzschminken
- Kaschelkutze, Laschwappen, Lesterschwein
- Lachtnicht, Machlöwe, Mürgerbeister
- Paulfelz, Rattenschiss, Rinderkutsche
- Schettfürze, Schmegack, Schmopfkerzen
- Spackierte Fahrradleiche, Stratzenkeu
- Tonnensau, Wadebanne, Wangeleile
- Weinland, Wimpansenscheibchen, Winterhand
- Wüstenkind, Zackenbahn, Zwölfdingerfarm

45

VOR- UND NACHTEILE VON ROTEM HAAR

WISSENSCHAFT

Es gibt viele Haarfarben (von hell zu dunkel): weiß, blond, dunkelblond, rot, rotbraun, henna, hellbraun, braun, dunkelbraun und schwarz. Welche von diesen Haarfarben hast du?

Eher selten sind rote oder rötliche Haare. Nur ein bis zwei von 100 Menschen haben diese Haarfarbe. Häufiger findet man sie in Schottland, Wales und Irland. Immerhin 13 von 100 Schotten haben rote Haare.

Die Haarfarbe sagt natürlich nichts über den Menschen aus, zum Beispiel ob jemand eine große Leuchte ist oder nur eine Sparflamme. Es gibt allerdings einen Vorteil und einen Nachteil, wenn man rote Haare hat.

Beginnen wir mit dem Nachteil. Studien haben herausgefunden, dass Bienen mehr von Menschen mit roten Haaren angezogen werden. Anscheinend ähneln die Haare hellen Blumen.

Der Vorteil: Rothaarige ergrauen meistens wesentlich später als Dunkelhaarige, oft erst mit weit über 50 Jahren. Auch werden ihre Haare niemals ganz grau, sondern eher blond oder weiß.

46

WIE VIELE LEUTE WIR FÜR EINE WELTRAUMKOLONIE BRAUCHEN

WELTRAUM

Wie viele Menschen braucht man, um eine neue Weltraumkolonie zu starten – zum Beispiel, um den Planeten Mars zu besiedeln?

Theoretisch würden zwei Menschen reichen: ein Mann und eine Frau. Diese beiden könnten Kinder kriegen, und diese Kinder könnten dann ... **Moment mal, diese Kinder hätten ja niemanden, um weitere Kinder zu erzeugen.**

Schwierig, schwierig. Zum Glück haben wir Erfahrungswerte aus dem Tierreich. Elefantenrobben wurden beispielsweise bis Ende der 1890er Jahre so sehr gejagt, dass nur noch 20 Robben übrig blieben. Diese Anzahl Exemplare hat anscheinend gereicht, denn heute gibt es wieder 30.000 Elefantenrobben.

Offenbar können 20 einer Art ausreichen. Wissenschaftler haben das aber gründlicher untersucht und empfehlen mindestens 160 einer Art. Der Grund sind Krankheiten.

Stelle dir vor, du bist einer von 20 Menschen, die zum Mars reisen: zehn Männer und zehn Frauen. Dann stellt sich heraus, dass es tödliche Bakterien auf dem Mars gibt. Zwar überleben einige wenige, aber dann haben wir wieder zu wenige Menschen, um uns fortzupflanzen. Daher brauchen wir eher 160 Menschen.

47

DIE SOMMERFERIEN DAUERN 10! SEKUNDEN

SCHULE

»Zehn Fakultät«, geschrieben »10!«, sagen Mathematiker, wenn sie diese Rechnung meinen: 10 * 9 * 8 * 7 * 6 * 5 * 4 * 3 * 2 * 1. Das Ergebnis ist 3.628.800. So viele Sekunden dauern die Sommerferien in den meisten deutschen Bundesländern, denn 3.628.800 Sekunden = 60.480 Minuten = 1008 Stunden = 42 Tage = sechs Wochen.

48

WIE EIN DRACHENFLIEGER BEIM BAU EINER BRÜCKE HALF

GESCHICHTE

Die »Niagara Falls Suspension Bridge« war eine zweistöckige Eisenbahn- und Straßenbrücke über einen reißenden Fluss, etwa vier Kilometer unterhalb der Niagara-Wasserfälle. Sie verband die beiden Länder USA und Kanada.

Bevor die Arbeiten 1848 beginnen konnten, stand der Projektleiter vor dem Problem bei jedem Hängebrückenbau: Wie bekommt man das erste feste Seil über die Schlucht und den reißenden Fluss?

Mehrere Ideen wurden vorgeschlagen, zum Beispiel **Kanonenkugeln oder Raketen mit einem angehängten Seil abzufeuern**. Schließlich wurde, auch um Werbung für das Projekt zu machen, ein Drachenflieger-Wettbewerb veranstaltet.

Nach einigen Tagen gelang es einem Jungen, mit seinem Drachenflieger ein Seil über den Fluss zu spannen. Er bekam fünf Dollar für seine Mühen.

Im Laufe der Jahre drängte sich immer mehr Verkehr über die Brücke, die für diese Belastungen nicht ausgelegt war. Daher wurde sie 1897 durch eine Stahlbogenbrücke ersetzt.

49

WAS IST TÖDLICHER: HAIE ODER KOKOSNÜSSE?

ESSEN

Haie haben einen schlechten Ruf als gnadenlose Killer. Zu Unrecht. Denn wenn es um die schiere Anzahl geht, könnten sie von der bescheidenen Kokosnuss etwas lernen.

Jedes Jahr sterben etwa 150 Menschen auf der Welt an Kokosnüssen. Das ist fünfzehn Mal mehr als die Zahl der Todesfälle, die auf Haie zurückzuführen sind.

Das Risiko eines Haiangriffs ist äußerst gering. Das liegt daran, dass Haie sich von kleineren Fischen und anderen Meereslebewesen ernähren. Menschen stehen nicht auf ihrem Speiseplan.

Nur gelegentlich verursachen Haibisse schwere Verletzungen, und dann sind sie nur in seltenen Fällen tödlich. Wenn der Hai einen Menschen beißt, geschieht dies meist aus Versehen.

Sobald er merkt, dass er keinen Fisch gebissen hat, lässt er los und schwimmt davon.

Das Ergebnis ist in der Regel ein blauer Fleck oder eine Schnittwunde, die zwar genäht werden muss, aber nicht lebensbedrohlich ist.

50

WARUM GESCHNITTENES BROT VERBOTEN WAR

ESSEN

Im Jahr 1928 kam zum ersten Mal geschnittenes Brot auf den Markt in den USA. Sofort verliebten sich die Amerikaner in diese Erfindung. In Windeseile verkaufte sich Brot, das geschnitten war, viel häufiger.

Dann, während des Zweiten Weltkriegs im Jahr 1943, verbot die US-Lebensmittelbehörde allen Bäckern den Verkauf von Schnittbrot.

Diese Maßnahme diente dazu, weniger Plastik zu verbrauchen, denn geschnittenes Brot benötigte eine größere Plastikverpackung. Außerdem sollte es die Lust auf Brot etwas eindämmen, um Weizen einzusparen.

Darüber hinaus wollte man Stahl sparen, denn das automatisierte Schneiden von Brot erforderte Spezialmaschinen, die nicht nur Metall verwendeten, sondern auch repariert werden mussten.

51

WAS BEIM SCHÜTTELN DER KETCHUPFLASCHE PASSIERT

WISSENSCHAFT

In Deutschland wird über drei Kilogramm Ketchup pro Jahr pro Person verspeist.

Das Problem mit Ketchup ist, wie man die richtige Menge aus der Flasche auf die Pommes frites bekommt. Entweder kommt nichts heraus, oder der Ketchup schießt nur so aus der Flasche, dass das Essen in einer roten Pfütze schwimmt.

Also, was ist das Geheimnis? Es hilft, zu verstehen, wie die Physik des Gewürzes funktioniert, denn Ketchup ist eine ungewöhnliche Substanz. Er verhält sich sowohl wie ein Feststoff, als auch wie eine Flüssigkeit – je nachdem, wie man die Flasche schüttelt.

Wenn du wenig Kraft aufwendest, verhält sich Ketchup wie ein fester Körper und kommt nicht aus der Flasche. Wenn du die Flasche stärker schüttelst, wird der Ketchup bis zu eintausend Mal dünner, und er schießt aus der Flasche. Was tun?

Ketchup-Profis wissen, wie man den Fluss kontrolliert: Man verschließt die Flasche und schüttelt sie kräftig durch, um die Soße zu verdünnen. Dann öffnet man den Deckel und gießt nach Herzenslust.

52

DIESER HERRSCHER WAR IMMUN GEGEN GIFT

GESCHICHTE

Als Zwölfjähriger wurde Mithridates VI. (132 bis 63 v. Chr.) König von Pontos in Kleinasien. An seiner Stelle regierte seine Mutter, die man verdächtigte, selbst nach der Herrschaft zu streben und darum den Vater ihres Sohnes umgebracht zu haben.

Aus Angst, dass seine Mutter versuchen würde, ihn zu töten, tauchte Mithridates unter. **Er begann, kleine Dosen aller verfügbaren Gifte zu sich zu nehmen, um immun gegen sie zu werden.**

Als Mithridates als Zwanzigjähriger zurückkehrte, übernahm er das Kommando und ließ seine Mutter verhaften.

Unter seiner Herrschaft erlebte das Königreich seine Blüte und seinen Untergang. Die drei militärischen Konflikte mit dem Römischen Reich sind heute als die Mithridatischen Kriege bekannt. Sie dauerten beinahe 30 Jahre und endeten mit dem Sieg Roms und dem Ende seines Königreichs.

Nach der letzten verlorenen Schlacht floh Mithridates VI. im Winter 66 v. Chr. Er versuchte, sich selbst zu vergiften. Dieser Versuch scheiterte allerdings, weil er es tatsächlich geschafft hatte, immun gegen Gift zu werden.

53

DIE TATSÄCHLICHE SPIELZEIT IM BASEBALL

SPORT

Die meisten Baseballspiele dauern über drei Stunden. **Während dieser Zeit ist der Ball aber kaum in Aktion.**

Die tatsächliche Spielzeit ohne herumstehende, wartende Spieler beträgt weniger als 18 Minuten.

Diese Zeit hat sich in all den Jahrzehnten nicht verändert, wie Messungen aus den Jahren 1956, 2000 und vor einem Jahr zeigten.

Baseball-Anhänger lieben die kurzen Momente, in denen der Ball fliegt. Dazwischen denken die Spieler über den letzten Schlag nach, die Stadionbesucher genießen heiße geröstete Erdnüsse, und die Kommentatoren diskutieren über die Schlagquoten der Mannschaften.

Im Vergleich mit Fußball oder Basketball dauert ein Baseballspiel zwar sehr lange, aber gleichzeitig ist es auch kurzweilig.

54

DEMOKRATISCHE BÜFFELHERDE

TIERE

Es gibt verschiedene Arten, ein Land zu organisieren und zu regeln. Eine dieser Arten ist die Demokratie. Dabei hat jeder Mensch dasselbe Mitspracherecht. **Aber gibt es so etwas wie Demokratie auch im Tierreich?**

Bei afrikanischen Büffeln kann man so etwas Ähnliches wie Demokratie beobachten. Sie sind Herdentiere, die gemeinsam in der Gruppe entscheiden, wann und wohin sie sich bewegen.

Dazu stehen die Büffel auf, starren in die Richtung, in die sie gehen wollen, und legen sich dann wieder hin. Wenn alle abgestimmt haben, erheben sich die Büffel und gehen in die Richtung, in die die Mehrheit geguckt hat.

Allerdings hat die Büffel-Demokratie einen Schönheitsfehler: Nur Weibchen dürfen abstimmen. Die Männchen trotten ihnen hinterher.

55

ALLUMFASSENDE AKRONYME

SPRACHE

Ein Akronym ist eine Abkürzung, bei der aus den Anfangsbuchstaben von Wörtern oder Silben ein neues, kürzeres Wort gebildet wird.

Du kennst bereits viele Akronyme, zum Beispiel »Schiri« für »Schiedsrichter«, »Azubi« für »Auszubildender« oder »WM« für »Weltmeisterschaft«.

Unternehmen benennen sich oder ihre Produkte gerne nach Akronymen:

- Adidas: Firmengründer Adolf »*Adi*« *Das*sler
- Aldi: *Al*brecht *Di*skont
- Haribo: Gründer *Ha*ns *Ri*egel aus *Bo*nn

Weitere Beispiele für Akronyme:

- ADAC: *A*llgemeiner *D*eutscher *A*utomobil*c*lub
- EU: *E*uropäische *U*nion
- Hanuta: *Ha*sel*nu*ss*ta*fel
- **Das englische Wort »News«** (Neuigkeiten) steht für die vier Himmelsrichtungen North, East, West und South.

56

DU KENNST DEN GRÖSSTEN REIFENHERSTELLER DER WELT

WELT

Wenn du die Reifen an eurem Familienauto überprüfst, wirst du wahrscheinlich einen dieser drei Namen finden: Bridgestone, Michelin oder Goodyear.

Das sind die bekanntesten Marken für Autoreifen auf der Welt. **Trotzdem stellt keiner dieser Unternehmen die meisten Reifen her.** Das schafft ein anderes Unternehmen, und es ist sehr wahrscheinlich, dass du ihre Reifen zu Hause in deinem Zimmer hast.

Im Jahr 2011 rollte der Spielzeughersteller Lego sage und schreibe 381 Millionen Reifen vom Fließband – mehr als doppelt so viele wie der nächstgrößere Reifenhersteller Bridgestone.

Damit ist Lego der größte Reifenhersteller der Welt. Das ist gar nicht so verwunderlich, denn fast die Hälfte aller verkauften Lego-Sets enthalten die bekannten Gummireifen.

57

NESSIE, DAS SEEUNGEHEUER

WELT

Das »Monster von Loch Ness« soll angeblich in den tintenschwarzen Gewässern eines Sees in Schottland leben. **Von seinen Fans wird das Seeungeheuer liebevoll »Nessie« genannt.**

Einige glauben, dass Nessie eine Kreatur mit einem riesigen runden Körper, vielleicht 30 Meter lang, und einem langen Hals ist. Manche halten es für einen prähistorischen Meeressaurier.

Nessie wurde angeblich bereits im sechsten Jahrhundert gesichtet, als ein irischer Mönch das Monster bei einem Besuch in der Gegend erblickte. Obwohl Nessie in Schottland schon immer eine Legende war, kam es 1934 zu einem großen Ansturm von Besuchern, als ein Foto des legendären Seeungeheuers auftauchte.

Existiert Nessie wirklich? Manche Leute sagen ja. Andere glauben, dass diese Geschichte nur Touristen anlocken sollte.

58

TAUSCHE BÜCHER GEGEN GOLD

GESCHICHTE

Bagdad, die heutige Hauptstadt Iraks, war im Jahr 762 Hauptstadt des islamischen Reiches. Die Stadt strebte nach so viel Wissen, wie sie kriegen konnte. Händlern, die die Stadt durchquerten, wurden die Bücher abgekauft – aber nicht bloß für einige wenige Münzen. **Stattdessen wurde das Gewicht eines Buches in Gold bezahlt.**

So ist es kein Wunder, dass Bagdad im Laufe der Zeit viele wichtige Werke der Griechen und Römer und einen Schatz an Wissen besaß. Die islamischen Kenntnisse der Welt zwischen 800 und 1400 waren mit ihren üppigen Bibliotheken umfassender als die christlichen.

Und dann gab es da noch den Übersetzer Hunayn bin Ishaq (Isaak) Al-'Ibadi, der unter anderem einige der Werke des griechischen Arztes Hippokrates übersetzte. Hunayn konnte vier Sprachen: Syrisch, Arabisch, Farsi (Persisch) und Griechisch.

Der Führer der Stadt, der Kalif, versprach ihm für alle Bücher, die er übersetzte, das Gewicht in Gold.

Es wird berichtet, dass Hunayn daher für seine Bücher das dickste Papier ausgewählt und mit großen Buchstaben geschrieben haben soll.

59

DEINE FINGER SIND SENSIBLER ALS DU GLAUBST

MENSCH

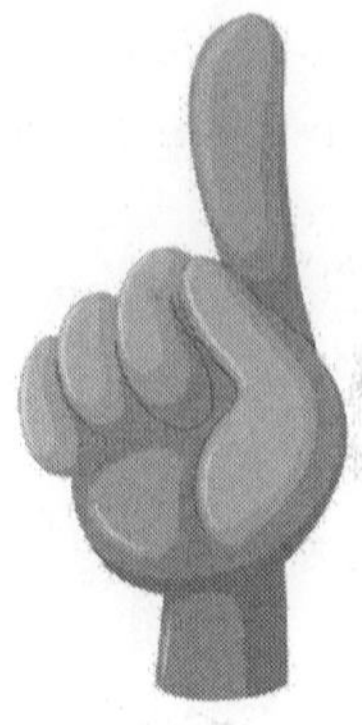

Wir brauchen unsere Hände für alle möglichen Dinge, zum Beispiel zum Greifen, Schreiben und Spielen. Dabei sind sie erstaunlich sensibel, denn sie enthalten eine große Menge an Nervenzellen. Das macht sie empfindlich für die kleinsten Signale.

Aus diesem Grund besitzt deine Hand eine Genauigkeit, die andere Tiere nicht haben, nicht einmal Affen.

Menschliche Finger können Dinge von bis zu 13 Nanometern Größe fühlen. Anders ausgedrückt: Wenn einer deiner Finger so groß wie die Erde wäre, **könntest du den Unterschied zwischen Häusern und Autos fühlen.**

Erstaunlich an unseren Fingern ist auch, dass sie keine Muskeln enthalten. Sie werden ausschließlich durch die Muskeln im Arm und in den Handflächen gesteuert, die an den Fingersehnen ziehen.

Diese Muskeln sind sehr stark – stark genug, dass manche Menschen Berge erklimmen und dabei ihr gesamtes Gewicht mit wenigen Fingerspitzen tragen können.

60

EIN EINARMIGER GEWANN DIE ERSTE FUSSBALL-WM

SPORT

Im Juli 1930 fand die erste Fußball-Weltmeisterschaft im südamerikanischen Land Uruguay statt.

Die üblichen Spitzenmannschaften aus Europa, wie Deutschland, England, Spanien oder Italien, nahmen nicht daran teil. Der Grund: Es gab noch keine Profi-Ligen, daher war das Geld knapp. Die teilnehmenden Mannschaften aus Europa (Belgien, Frankreich, Jugoslawien und Rumänen) fuhren mit dem Schiff drei Wochen über den Atlantik.

Die beiden Halbfinalspiele bestritten Argentinien gegen USA, sowie Uruguay gegen Jugoslawien. Beide Spiele gingen 6:1 für die Südamerikaner aus.

Vor dem Endspiel Uruguay gegen Argentinien gab es Ärger. **Am Eingang wurden Stadionbesuchern aus beiden Ländern die Revolver abgenommen.**

Das Finalspiel selbst war sehr spannend. Zur Halbzeit führte Argentinien mit 2:1, aber Uruguay drehte das Spiel. Kurz vor Schluss stand es 3:2 für Uruguay, aber Argentinien war dem Ausgleich nahe. Auftritt Héctor Castro, der mit 13 Jahren durch einen Unfall einen Unterarm verlor. Er schoss eine Minute vor Schluss das entscheidende 4:2 für Uruguay. Jetzt war er der erste Fußball-Weltmeister.

61

WIE VIELE BLITZE BRAUCHT MAN FÜR EIN TOASTBROT?

WISSENSCHAFT

Gewitter sind faszinierend anzusehen – wenn man geschützt vor dem Regen in einem gemütlichen Sessel zu Hause sitzt und durchs Fenster schaut.

Es stecken unfassbare Mengen an Energie in einem Blitzschlag. Ein Blitz hat so viel Energie, dass du mit ihm einen durchschnittlichen 1000-Watt Zweischeiben-Toaster 58 Tage lang betreiben kannst.

Diese Zeitspanne würde ausreichen, um etwa einhunderttausend Scheiben Toastbrot zu rösten. Guten Appetit!

62

WIEVIEL IST 111.111.111 MAL 111.111.111?

SCHULE

Zahlen, die nur aus der Ziffer »1« bestehen, haben eine interessante Eigenschaft. Wenn man sie mit sich selbst multipliziert, dann erhält man die Ziffern von eins bis neun in aufsteigender und absteigender Reihenfolge:

```
                      1 * 1 = 1
                    11 * 11 = 121
                  111 * 111 = 12321
                1111 * 1111 = 1234321
              11.111 * 11.111 = 123454321
            111.111 * 111.111 = 12345654321
        1.111.111 * 1.111.111 = 1234567654321
      11.111.111 * 11.111.111 = 123456787654321
    111.111.111 * 111.111.111 = 12345678987654321
```

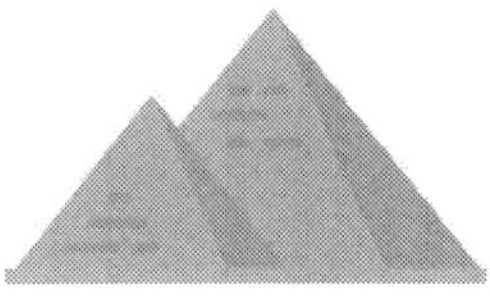

Diese Rechnung nimmt die Form einer Pyramide in Ägypten an, daher nennt man sie Zahlenpyramide. Man könnte sie unendlich lange fortführen.

63

GUMMIBÄRCHEN UND AUTOWACHS HABEN ETWAS GEMEINSAM

ESSEN

Hast du bemerkt, dass nach der Autowäsche der Familienwagen nach Gummibärchen riecht? Das liegt daran, dass das Auto mit dem gleichen Wachs überzogen wird wie Süßigkeiten.

Es handelt sich dabei um das sogenannte Carnaubawachs. Es ist ein natürliches Wachs und stammt von den Blättern der nur in Brasilien angebauten Carnaubapalme. Das Wachs wird durch Abklopfen des Wachses von den getrockneten Palmwedeln gewonnen und dann für die Verwendung verfeinert. Das reine Wachs hat eine gelbe Farbe.

Carnaubawachs hat einen sehr hohen Schmelzpunkt von 86 Grad Celsius. Es ist härter als Beton und nahezu unlöslich in Wasser. Es ist nicht giftig und kann keine Allergien auslösen. Das Wichtigste: Es kann hoch glänzend poliert werden.

Die Kombination dieser Eigenschaften führt dazu, dass das Wachs in vielen Produkten zum Einsatz kommt, zum Beispiel auf Gummibärchen, damit sie glänzen, oder als Beschichtung für Medikamente, um sie leichter schlucken zu können. Außerdem findest du das Wachs in Zahnseide, Möbelpolitur, Surfbrettern, Fußböden und Kaugummis.

64

DAS WUNDERSCHÖNE GEFÜHL IM WELTALL

WELTRAUM

Wenn Astronauten aus dem Weltraum zurückkehren, berichten sie immer wieder von unerklärlicher Faszination und Begeisterung, sowie einer »kosmischen Verbindung«, die sie im All gefühlt hätten.

Sie erreichen – ohne sich darum zu bemühen – einen ähnlichen Geisteszustand wie buddhistische Mönche, die jahrelang meditieren. Der amerikanische Apollo-14-Astronaut Edgar Mitchell sagte:

> »Ich hatte ein tiefes Gefühl der Verbundenheit, ein Gefühl von Glück und Zeitlosigkeit. Mir wurde zutiefst bewusst, dass jedes einzelne Atom im Universum auf irgendeine Weise miteinander verbunden ist. Als ich die Erde vom Weltall aus sah, verstand ich, dass alle Menschen, Tiere und Systeme Teil derselben Sache sind.«

Wissenschaftler untersuchen das Phänomen seit vielen Jahrzehnten, kennen aber noch immer nicht die Ursache. Schafft die Schwerelosigkeit neue Verbindungen im Gehirn? Oder ist es eine natürliche menschliche Reaktion auf die Weite des Weltraums und die Erkenntnis, wie klein wir im Vergleich dazu sind?

65

DIE OLYMPISCHEN RINGE

SPORT

Der Franzose Pierre de Coubertin (1863 - 1937) war mitverantwortlich dafür, dass die Olympischen Spiele in der modernen Zeit stattfinden. Er gründete 1894 das Internationale Olympische Komitee und war dessen Präsident. 1913 entwarf er die olympischen Ringe:

- **Die fünf Ringe stehen für die fünf Erdteile**
  Europa, Afrika, Asien, Amerika und Australien.
- Die fünf Farben Blau, Gelb, Schwarz, Grün und Rot (zusammen mit der Farbe Weiß des Hintergrundes) stehen für zumindest eine Farbe aus jeder Flagge der Welt.
- Dass die Ringe miteinander verschlungen sind, steht für das Zusammenkommen der Sportler aus allen Ländern der Welt.

66

KARTOFFELN VERBESSERN DEIN WLAN

ESSEN

Immer mehr Menschen wollen auch im Flugzeug nicht auf ihre Smartphones, Laptops und andere Geräte verzichten. Daher bieten viele Fluggesellschaften auf ihren Flügen WLAN an, also drahtloses Internet.

Um die WLAN-Signalstärke in einem vollen Flugzeug zu prüfen, können Flugzeugbauer keine echten Testpersonen einsetzen. Sie müssten während den Experimenten tagelang regungslos herumsitzen.

Ingenieure des amerikanischen Flugzeugbauers Boeing probierten stattdessen 15 Obst- und Gemüsesorten aus. **Schließlich stellte sich heraus, dass der Mensch viel mehr Ähnlichkeiten mit der Kartoffel hat, als man denken würde.**

Für die Ingenieure war es wichtig, dass das Gemüse anteilig etwa so viel Wasser wie ein Mensch hat, so dass die WLAN-Funkwellen ähnlich wie beim Menschen absorbiert und reflektiert werden.

Boeing kaufte schließlich 9000 Kilogramm Kartoffeln und belegte alle Sitze mit Kartoffelsäcken als Ersatz für die Passagiere. So gelang es Boeing, das WLAN in seinen Flugzeugen zu verbessern.

67

WAS HABEN GIRAFFEN UND SOFAS GEMEINSAM?

SPRACHE

Arabisch ist eine sehr interessante Sprache. **Viele Wörter in der deutschen Sprache stammen aus dem Arabischen.** Hier eine kleine Auswahl:

Algebra, Alkohol, Artischocke,
Giraffe, Kaffee, Karaffe,
Magazin, Matratze, Monsun,
Safari, Schachmatt, Sofa,
Ziffer, Zucker

Arabisch ist einzigartig und schwer zu lernen, denn seine Schrift folgt keinem Alphabet, sondern einem Abdschad. Bei einem Abdschad steht jeder Buchstabe für einen Konsonanten und nicht für einen Vokal. Dadurch muss der Schreibende die Buchstaben mit Vokalzeichen versehen.

Es gibt weitere Besonderheiten. Arabisch schreibt man von rechts nach links. Alle Wörter beginnen mit einem Konsonanten, gefolgt von einem Vokal. Und nicht zu vergessen die zahlreichen Gaumenlaute, die tief aus der Kehle kommen.

68

DU BIST ABER GROSS GEWORDEN!

WELTRAUM

Wusstest du, dass Astronauten im Weltraum um bis zu sieben Zentimeter wachsen können? Sobald sie jedoch wieder auf der Erde sind, kehren sie zu ihrer normalen Größe zurück. Was geschieht da mit den Astronauten?

Stelle dir vor, dass die Wirbel in deinem Rücken eine riesige Sprungfeder bilden. Durch das Herunterdrücken der Feder werden sie festgehalten. Beim Loslassen der Kraft dehnt sich die Feder aus.

Auf die gleiche Weise dehnt sich die Wirbelsäule um bis zu drei Prozent aus, während der Mensch im Weltraum unterwegs ist. Es gibt einfach weniger Schwerkraft, die auf die einzelnen Wirbel drückt, so dass sie sich ausdehnen können.

Bis zu einem gewissen Grad passiert dir jede Nacht eine ähnliche Dehnung der Wirbelsäule. Wenn du dich hinlegst, drückt die Schwerkraft nicht so sehr auf deine Wirbel.

69

ALS EIN BONOBO MARSHMALLOWS RÖSTETE

TIERE

Bonobos sind Zwergschimpansen. Die amerikanische Psychologin Sue Savage-Rumbaugh wollte herausfinden, ob wir uns mit Bonobos unterhalten können. Da Affen nicht sprechen können, erstellte sie Tafeln mit Symbolen, auf die die Bonobos zeigen sollten.

Matata, eine Bonobo-Mutter, verstand aber trotz ausdauernden Trainings die Symboltafeln nicht. Eines Tages, als die Mutter kurz abwesend war, nahm ihr Sohn Kanzi die Tafeln in die Hand. Er hatte wochenlang im Hintergrund die Lehrversuche beobachtet und wusste, wie man die Symboltafeln anwendet.

Kanzi lernte, mithilfe von 300 Symbolen zu kommunizieren. Er verstand sogar teilweise gesprochenes Englisch. Auf die Frage, ob er etwas trinken möchte, antwortete er mit den Symbolen »Orangensaft« und »rote Tasse«.

Bei einer Wanderung deutete Kanzi einmal auf die Symbole »Feuer« und »Marshmallows«. Die Psychologin gab ihm Streichhölzer und einige Marshmallows. Kanzi brach Zweige ab, machte ein Feuer und röstete die Marshmallows darüber.

70

WEISSE SCHOKOLADE IST KEINE SCHOKOLADE

ESSEN

Viele Erwachsene sehen weiße Schokolade als die schlechtere Schokolade an. Sie sagen, dass weiße Schokolade zu süß sei, und dass ihr der reiche Geschmack fehle, den Zartbitter- und Milchschokolade haben.

Und es stimmt ja auch: **Weiße Schokolade ist gar keine echte Schokolade.**

Weiße Schokolade enthält keine der beiden Hauptbestandteile echter Schokolade: Kakaomasse und Kakaopulver. Sie enthält jedoch die Kakaobutter aus der Kakaopflanze und schmeckt daher ein wenig nach echter Schokolade.

Bei der Herstellung von weißer Schokolade wird Kakaobutter mit Milch und Zucker vermischt und häufig mit Vanille aromatisiert. Diese Mischung wird in Formen gegossen, um daraus Schokoladentafeln zu gießen.

Damit ein Produkt den Namen »weiße Schokolade« tragen darf, muss es mindestens zu einem Fünftel aus Kakaobutter bestehen.

Qualitativ gute weiße Schokolade schwankt farblich von cremefarben bis elfenbeinfarben. Minderwertige Produkte mit billigen Ersatzfetten sind meistens ganz weiß.

71

WAS DU NICHT ÜBER SEEMÄNNER WUSSTEST

WELT

Der Beruf des Seemanns ist sehr alt, denn Segelschiffe waren einmal das meistbenutzte Transportmittel auf See. Aus diesem Grund gibt es viele Geschichten aus der Seefahrt:

- **Früher aßen die Seeleute im Dunkeln unter Deck, damit sie die Käfer in ihrem Essen nicht sahen.**
- Finnische Matrosen waren bis in die 1900er Jahre nicht gerne an Bord gesehen. Man glaubte, dass Finnen das Wetter kontrollieren könnten.
- Seeleute trugen teure Ohrringe, um mit ihnen ihr eigenes Begräbnis zu bezahlen.
- Matrosen betrachteten schwarze Katzen als Glücksbringer und nahmen sie als »Schiffskatzen« mit an Bord, in der Hoffnung auf eine sichere Seefahrt.
- Römer legten beim Schiffsbau Münzen unter die Masten, um eine sichere Überfahrt ins Jenseits zu garantieren. Das wird auch heute im modernen Schiffsbau noch so gemacht.

72

DAS BETTENRENNEN

SPORT

Das große Bettenrennen findet seit 1966 jedes Jahr in der englischen Kleinstadt Knaresborough statt, immer am zweiten Samstag im Juni.

Bei diesem Wettkampf treten über 90 Mannschaften gegeneinander an. Jede Mannschaft besteht zum einen aus fünf Personen, die ihr aufwändig dekoriertes Bett anschieben, und zum anderen aus einem »Schläfer«, der die ganze Zeit im Bett liegen muss.

Das fast vier Kilometer lange Rennen führt quer durch die Stadt, über eine Parklandschaft, eine Brücke und einen steilen Burgweg hinauf ins Stadtzentrum. Am Ende müssen die Mannschaften mit ihren Betten sogar 30 Meter lang einen Fluss überqueren.

Das Rennen ist ein Riesenspektakel für die Läufer, Schläfer und natürlich für das Publikum. Die Siegermannschaft kommt nach etwa 15 Minuten ins Ziel, die langsamsten brauchen doppelt so lange.

Organisiert wird das Ereignis von Freiwilligen der Knaresborough Lions, die mit dem ungewöhnlichen Rennen Spenden für die Bedürftigen in der Gemeinde sammeln.

Es nehmen übrigens nicht nur Ortsansässige teil, sondern auch Menschen aus der hessischen Partnerstadt Bebra.

73

DIESE SACHE VERLÄNGERT DEIN LEBEN

WISSENSCHAFT

Bestimmt hast du schon mal jemandem freiwillig und ohne Geld geholfen. Danach hattest du sicher ein gutes Gefühl. So geht es vielen. Schätzungen zufolge soll in Deutschland sogar jeder Dritte ehrenamtlich helfen.

Das Erstaunliche ist, dass man mit Freiwilligenarbeit nicht nur anderen hilft, sondern auch sich selbst. Das hat eine Studie der Universität von Michigan, USA, ergeben. Demnach leben Menschen, die ehrenamtlich tätig sind, länger als Menschen, die nicht ehrenamtlich tätig sind.

Es gibt viele Bereiche, in denen du mithelfen kannst. Die häufigsten sind der Sportverein, die Freiwillige Feuerwehr und das Rote Kreuz. Aber auch andere Organisationen freuen sich über jede helfende Hand, zum Beispiel Jugendorganisationen im Natur- und Tierschutz.

Ein Ehrenamt hilft dir, neue Dinge und neue Freunde kennenzulernen – und verlängert dein Leben.

74

DIE VERRÜCKTE ELF

SCHULE

Es gibt Mathematikliebhaber, die untereinander interessante oder kuriose Ergebnisse austauschen. **Ein merkwürdiges Ergebnis betrifft die Multiplikation mit der Zahl 11:**

11 * 91 = 1001
11 * 9091 = 100.001
11 * 909091 = 10.000.001
11 * 90909091 = 1.000.000.001
11 * 9090909091 = 100.000.000.001
11 * 909090909091 = 10.000.000.000.001
11 * 90909090909091 = 1.000.000.000.000.001
11 * 9090909090909091 = 100.000.000.000.000.001
11 * 909090909090909091 = 10.000.000.000.000.000.001
11 * 90909090909090909091 = 1.000.000.000.000.000.000.001

Woran liegt das? Die Zahl 1000 lässt sich nicht ohne Rest durch 11 teilen. Wenn Du 11 * 90 rechnest, erhältst du 990, also knapp vor der 1000. Wenn du 11 * 91 rechnest, bis du schon knapp über der 1000. Die Endziffer 1 bei der 91 führt zur Endziffer 1 beim Ergebnis.

75

CRISTIANO RONALDOS GUTE TAT

SPORT

Cristiano Ronaldo (geb. 1985) ist ein portugiesischer Profi-Fußballer, der als einer der besten Fußballspieler der Welt gilt. **Aber auch in anderen Dingen macht Ronaldo positive Schlagzeilen.**

Am zweiten Weihnachtstag des Jahres 2004 erschütterte ein schweres Erdbeben und ein Tsunami das Land Indonesien. Martunis, ein achtjähriger Junge, verlor seine Familie und musste 19 Tage alleine ausharren.

Das Fernsehen interviewte den Jungen, der das berühmte Trikot von Cristiano Ronaldo mit der Nummer 7 trug. Er sagte den Fernsehreportern, dass er mal Fußballspieler werden wolle. Ronaldo sah den Jungen im Fernsehen und reiste nach Indonesien. Er warb um Spenden für den Wiederaufbau des Landes und übernahm die Patenschaft für den Jungen.

2015 verkündete der portugiesische Fußballverein Sporting Lissabon, dass sie Martunis für die U-19-Mannschaft des Klubs verpflichtet haben. Dort trainiert Martunis an derselben Fußball-Akademie, an der auch Ronaldo sein Handwerk lernte.

76

DER EINZIGE SPORT AUF DEM MOND

SPORT

Am 31. Januar 1971 startete die amerikanische Apollo-14-Mission zum Mond. Der Astronaut Alan Shepard war an Bord, obwohl er zu diesem Zeitpunkt bereits 47 Jahre alt war, bis dahin der älteste Mondfahrer.

Alan Shepard (1923 - 1998) hatte einiges erreicht. Er war nicht nur der erste Astronaut der USA im Weltall gewesen, sondern sollte nun auch der fünfte Mensch auf dem Mond werden.

Das war ihm nicht genug. Auf dem Mond angekommen, packte er zwei Golfbälle aus, die er heimlich mitgenommen hatte. Für den Golfschläger musste er improvisieren. Er ließ vor dem Flug den Kopf eines Sechser-Eisens an den Griff einer Mondschaufel befestigen.

Da stand Alan Shepard nun und versuchte, als erster Mensch auf dem Mond Golf zu spielen. Wegen des steifen Raumanzugs konnte er nur mit einer Hand schlagen.

Beim ersten Schlag verfehlte er den Golfball völlig. Der zweite Schlag war auch nicht viel besser, aber beim Nachfassen rollte der Ball 40 Meter weit in einen Mondkrater.

Beim vierten Schlag half die geringe Schwerkraft auf dem Mond: Der zweite Golfball flog über 200 Meter weit.

77

DOPPELT GEMOPPELT

SPRACHE

Wenn mehrere aufeinanderfolgende Wörter dasselbe meinen, so nennt man das ein Pleonasmus. Beispiele: **»nasser Regen« oder »lautlose Stille«**.

In der Umgangssprache werden häufig Pleonasmen benutzt. In deinen Aufsätzen in der Schule werden sie aber eher als Stilfehler gewertet. Hier eine kleine Liste der häufigsten Pleonasmen:

heiße Flamme
immer und ewig
Außenfassade
leider zu meinem Bedauern
Eigeninitiative
still schweigend
Rückantwort
seltene Ausnahme
Fußpedal
Testversuch
Glasvitrine
persönliche Meinung

78

KARTENMISCHEN WIE NIEMALS ZUVOR

WELT

Jedes Mal, wenn du ein Kartenspiel mischst, schreibst du Geschichte. Denn jedes Mal, wenn du ausreichend mischst, erschaffst du eine neue, einzigartige Reihenfolge der Karten, die es noch nie zuvor auf der Welt gegeben hat.

Das ist einfach zu beweisen. In einem Standard-Kartenspiel gibt es 52 Karten. Das heißt, du hast 52 Möglichkeiten für die erste Karte, 51 Möglichkeiten für die zweite Karte, 50 für die dritte, und so weiter:

```
52 * 51 * 50 * 49 * 48 * 47 * 46 * 45 * … =

80.658.175.170.943.878.571.660.636.856.403.766
.975.289.505.440.883.277.824.000.000.000.000
```

Du siehst richtig: Das Ergebnis ist so lang, dass es sich über zwei Zeilen erstreckt. Irre: Wenn sieben Milliarden Menschen in den nächsten 100 Milliarden Jahren einmal pro Sekunde Spielkarten mischen würden, kämen wir noch immer nicht auf diese Anzahl.

79

SO VIEL GELD VERDIENTE EIN IMPFSTOFF-ERFINDER

WISSENSCHAFT

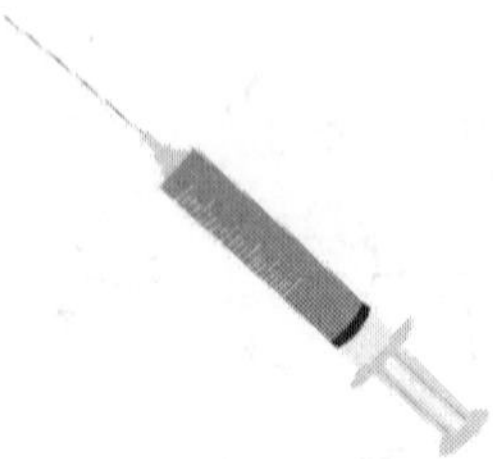

Der Mann, der den Impfstoff gegen Kinderlähmung erfand, hätte Milliarden Euro verdienen können. Aber er verzichtete darauf.

Kinderlähmung ist eine schwere Krankheit, die durch Viren ausgelöst wird.

Menschen, die an Kinderlähmung erkranken, können ihre Muskeln nicht normal nutzen und sich nicht mehr gut bewegen. Die Person ist dann gelähmt. Die Krankheit tritt oft im Alter zwischen drei und acht Jahren auf, daher nennt man sie Kinderlähmung.

Im deutschsprachigen Raum erkranken nur noch sehr wenige Menschen an Kinderlähmung. Das liegt daran, dass viele Menschen geimpft sind. Bei der Impfung erhält man stark abgeschwächte Viren. Diese können die Krankheit nicht mehr auslösen – der Körper lernt aber, sie zu bekämpfen.

Als Jonas Salk 1952 den Impfstoff gegen Kinderlähmung entwickelte, hätte er ein Geschäft daraus machen können. Laut der Wirtschaftszeitung Forbes hätte er geschätzte 6 Milliarden Euro verdienen können. Salk aber wollte lieber so viele Leben wie möglich schützen.

80

EIN UNGEWÖHNLICHES TIER

TIERE

Der Axolotl ist eines der ungewöhnlichsten Tiere der Welt. Der Schwanzlurch hat große Kiemen, eidechsenähnliche Glieder und ein süßes Dauerlächeln. Es ist schwer, sich nicht in ihn zu verlieben.

Während man Axolotls in Aquarien und Zoos auf der ganzen Welt findet, ist es schwierig, sie in der freien Natur zu finden. Es gibt sie nur in den Süßwasserseen eines bestimmten Ortes im Inneren Mexikos.

Wie alle Lurche lebt der Axolotl an Land, kann sich aber nur in Gewässern fortpflanzen. Bevor man ihn zu einer vom Aussterben bedrohten Art bestimmte, galt er als Delikatesse für die Einwohner.

Was den Axolotl so ungewöhnlich macht, ist nicht nur sein Aussehen. Er kann viele Teile seines Körpers regenerieren, wenn sie verletzt sind. Zum Beispiel kann er Beine, Organe und sogar Teile des Gehirns und Herzens wiederherstellen. Jedes Körperteil kann über einhundert Mal regeneriert werden, und jedes Mal ist das Körperteil so perfekt wie zuvor.

Wissenschaftler versuchen, dieses Phänomen zu ergründen. Sie hoffen, den Prozess zu verstehen, um ihn für uns Menschen nutzbar zu machen. Leider ist dies noch nicht gelungen, und so bleibt der Axolotl noch immer ein Rätsel.

81

DU KANNST EIN GANZES LAND MIETEN

WELT

Sehr reiche Unternehmensmanager mieten gerne Luxusyachten oder teure Hotelzimmer, um Kunden zu beeindrucken – **aber wie wäre es, ein ganzes Land zu mieten?**

Das europäische Land Liechtenstein stellte sich im Jahr 2011 auf Airbnb, einem Internet-Markplatz für Unterkünfte, zur Verfügung.

Natürlich musste keiner der 38.000 Einwohner in der sechstkleinsten Nation der Welt das Land verlassen. Der Mieter durfte auch nicht Regierungschef spielen oder die Steuern erhöhen. Aber für runde 60.000 Euro pro Tag wurden einige Extras angeboten.

Bis zu 900 Leute durfte man mitbringen, für die bis zu 500 Schlafzimmer und Badezimmer bereitstanden. Zu den Leistungen zählten auch neu gestaltete Straßenschilder und eine eigene Währung.

Geplant war, dass bei der Ankunft in Liechtenstein den Besuchern der symbolische Staatsschlüssel überreicht worden wäre. Weitere Möglichkeiten waren Schlittenfahrten, Ausflüge mit Pferdekutschen und ein großes Feuerwerk. Leider ging niemand auf das Angebot ein, und so wurde es stillschweigend eingestellt.

82

DIE ANGST DER EUROPÄER VOR TOMATEN

ESSEN

Im späten 18. Jahrhundert hatten viele Menschen in Europa Angst vor der Tomate. Aber warum?

Das Volk gab den Tomaten den Spitznamen »Giftapfel«. Die Leute sahen, dass die reichen Bürger, die sich Tomaten leisten konnten, nach dem Verzehr krank wurden und starben.

Die Wahrheit war aber, dass die reichen Bürger Zinnteller verwendeten, die viel Blei enthielten. Tomaten mit ihrem hohen Säuregehalt wuschen das Blei aus den Tellern. Das führte zu vielen Todesfällen durch Bleivergiftung.

Die Verbindung zwischen Teller und Gift stellte damals niemand her. Stattdessen wurde die Tomate als der Übeltäter angesehen.

Das ändert sich in den folgenden Jahrzehnten nur langsam. Erst um 1880, mit der Erfindung der Pizza in Neapel, Italien, wurde die Tomate in Europa immer beliebter.

Dann, mit der Veröffentlichung von Hunderten von Tomatenrezepten in Zeitschriften und Zeitungen, wurde die Tomate in vielen Landstrichen zu einer akzeptierten Frucht.

83

DEINE AUGEN SIND BEWEGUNGSSENSOREN

MENSCH

Entscheidend für das Überleben der Menschheit war, dass wir Bewegungen erkennen konnten, zum Beispiel von Raubtieren. **Unsere Augen sind brillante Bewegungsmelder – mit einer Ausnahme.**

Versuche, den Raum, in dem du dich befindest, mit einer sanften Augenbewegung abzutasten. Du stellst fest, dass dies nicht möglich ist. Stattdessen bewegen sich deine Augen in kleinen Sprüngen. Man nennt sie »Sakkaden«.

Anders sieht es aus, wenn du dich auf eine Sache konzentrierst, die sich bewegt. Nun können deine Augen fließend das Objekt verfolgen, während es in Bewegung ist.

Dieses Augenverhalten, die reibungslose Verfolgung, hat sich entwickelt, weil sie uns ermöglicht, Raubtiere und potenzielle Beute im Auge zu behalten.

Die kleinen Augensprünge sind ideal, um nutzlose Ziele zu überspringen und den gesamten Raum schneller abzutasten. Wenn wir aber ein Ziel erfasst haben, ermöglicht uns die reibungslose Verfolgung das Ziel im Auge zu halten.

84

WIE VIELE SCHRITTE DU IN DEINEM LEBEN GEHST

WISSENSCHAFT

Der durchschnittliche Mensch legt etwa 8000 Schritte pro Tag zurück. Wenn ein Lebensalter von 80 Jahren und dieser Tagesdurchschnitt beibehalten wird, dann schaffst du in deinem Leben:

```
8000 Schritte * 365 Tage * 80 Jahre
= 233.600.000 Schritte
```

Wie oft könntest du damit die Erde umrunden? Wenn du den Erdumfang genau am Äquator entlang misst, also sozusagen das Maßband um die dickste Stelle der Erde legst, dann sind es genau 40.075 Kilometer einmal rund um die Welt.

```
233.600.000 Schritte ÷ 40.075.000 Meter = 5,8
```

Wenn du mit jedem Schritt einen Meter zurücklegst, dann würdest du in deinem Leben fast sechs Mal die Erde umrunden. Los geht's!

85

PLUTO IST WIRKLICH EIN ZWERG

WELTRAUM

Viele Menschen glauben, dass Himmelsobjekte viel größer sind als die Länder auf unserer Erde. Das stimmt nicht immer.

Nehmen wir mal Pluto, der unter den bekannten Zwergplaneten der größte ist. Pluto hat einen Durchmesser von 2374 Kilometern.

Die Ausdehnung des Landes Australien von Norden nach Süden beträgt 3860 Kilometer, und von Osten nach Westen ungefähr 4000 Kilometer. Der Umriss von Pluto würde also problemlos in eine Karte Australiens passen.

Pluto galt einmal als neunter Planet unseres Sonnensystems, nach Merkur, Venus, Erde, Mars, Jupiter, Saturn, Uranus und Neptun. Aufgrund seiner geringen Größe wurde Pluto die Bezeichnung »Planet« aberkannt.

Armer Pluto! Zwischen dem Zeitpunkt seiner Entdeckung (1930) und dem Aberkennen des Planeten-Status (76 Jahre später im Jahr 2006) hatte Pluto keine Zeit, wenigstens einmal die Sonne zu umrunden (das dauert nämlich 247 Jahre).

86

WAS DU NICHT ÜBER BIENEN WUSSTEST

TIERE

Seit Jahrhunderten züchten Imker Honigbienen und ernten süßen Honig. Bienen bestäuben schätzungsweise ein Drittel aller Nahrungspflanzen. **Weitere spannenden Fakten über Bienen:**

- Bienen stechen andere Bienen, wenn diese aus einem anderen Bienenstock kommen und Honig stehlen wollen.
- Bienen können höher als der höchste Berg der Erde fliegen.
- Eine Biene besucht 50-100 Blumen während eines Flugs.
- Sie stellt in ihrem Leben nur etwa ein Zwölftel eines Teelöffels Honig her.
- Bienen kommunizieren miteinander durch Tanzen.
- Ein Bienenstock hat etwa 40.000 Bienen und eine Königin.
- Die Königin kann bis zu fünf Jahre alt werden und ist die einzige Biene, die Eier legt: bis zu 2500 pro Tag.
- Honig ist gesund und enthält Vitamine und Mineralien.

87

WARUM ELTERN AUTOS HEBEN KÖNNEN

MENSCH

Jeder Mensch ist eigentlich viel stärker als er glaubt. Allerdings begrenzt der menschliche Körper seine Kraft in den Muskeln, damit sie nicht verletzt werden.

In Ausnahmesituationen jedoch kann jeder über seine normale Kraft hinausgehen. Diese übermenschliche Stärke tritt in Situationen auf, in denen es um Leben oder Tod geht.

Man glaubt, dass in solchen Fällen das Stresshormon Adrenalin freigesetzt wird. Es bewirkt, dass dein Herz schneller schlägt und dass plötzlich viel Energie bereitsteht.

- 2013 hoben zwei Schwestern aus Oregon, USA, 14 und 16 Jahre alt, einen Traktor, um ihren Vater zu befreien.
- Im selben Jahr hob ein 73-jähriger Mann aus Kanada einen Jeep, um seinen eingeklemmten Schwiegersohn zu retten.
- 2019 hob ein 16-jähriger Schüler aus Ohio, USA, ein 1300 kg schweres Auto, um einen Nachbarn zu befreien.

88

WIE JÄGER OHNE WAFFEN JAGEN

MENSCH

Früher haben Menschen Tiere auf eine sehr einfache Weise gejagt: Sie sind ihnen hinterhergelaufen.

Diese Art des Jagens ohne Waffen nennt man Ausdauerjagd oder Hetzjagd. Sie wird noch heute im südlichen Afrika praktiziert. Auch Ureinwohner in Australien jagten auf diese traditionelle Weise Kängurus.

Der Jäger rennt einem schnellen Huftier hinterher, zum Beispiel einem Zebra oder einer Antilope. Das Tier ist natürlich viel schneller und läuft davon, aber der Mensch hat eine einzigartige Fähigkeit, die diese Tiere nicht haben.

Der Mensch kann beim Laufen durch Schwitzen die Wärme regulieren. Das können die gejagten Tiere nicht. Darüber hinaus benötigt das zweibeinige Laufen weniger Kraft und Energie.

Der Jäger läuft dem Tier hinterher und behält es im Auge. Irgendwann hat das Tier keine Kraft mehr und stirbt an Erschöpfung oder an einem Hitzschlag. Manchmal bleibt es auch einfach stehen und kann dann ohne Gegenwehr gefangen werden.

89

AUFLAUF DER KONSONANTEN UND VOKALE

SPRACHE

Die Vokale »a«, »e«, »i«, »o« und »u« kennst du ja. Auch, dass die anderen Buchstaben Konsonanten heißen. Sicher hast du auch gelernt, dass sich Vokale und Konsonanten gerne abwechseln, damit du ein Wort gut aussprechen kannst.

Aber welche Wörter haben die meisten aufeinanderfolgenden Konsonanten und sind schwer auszusprechen?

Diese Wörter haben acht aufeinanderfolgende Konsonanten:

Angstschweiß, Geschichtsschreibung, Herbstschwimmfest, Unterrichtsschritt, Weihnachtsschmuck.

Diese Wörter haben viele aufeinanderfolgende Vokale:

Bioeier (5), zweieiig (5), Bauaufsicht (4), Hawaiiinsel (4), miauen (4).

Das Wort mit den meisten gleichen aufeinanderfolgenden Vokalen ist übrigens »Zoooologe«. Du hast richtig gelesen. Es wird mit vier aufeinanderfolgenden »o« geschrieben.

Gemeint ist ein Oologe, der im Zoo arbeitet. Oologen sind Vogeleierkundler. Ein Zoooologe ist demnach ein im Zoo tätiger Vogeleierkundler.

90

WAS IST SCHNELLER ALS DIE LICHTGESCHWINDIGKEIT?

WELTRAUM

Es ist das eiserne Gesetz unseres Universums: Nichts kann schneller als die Lichtgeschwindigkeit reisen.

Dennoch beobachten wir, dass manche Galaxien sich von uns wegbewegen – schneller als das Licht. Wie ist das möglich?

Wir leben in einem Universum, das immer größer wird und sich ausdehnt. Jeden Tag entfernen sich die Galaxien weiter voneinander (und das übrigens etwa gleich schnell).

Hier kommen Albert Einsteins zwei Relativitätstheorien ins Spiel. In der Speziellen Relativitätstheorie bewegt sich nichts schneller als das Licht. Die Theorie gilt aber nur für Dinge in der Nähe. Eine Rakete kann nicht schneller als das Licht an dir vorbeifliegen.

Aber eine Galaxie auf der anderen Seite des Universums? Hier sagt die Allgemeine Relativitätstheorie: Wen kümmert's! Diese Galaxie kann jede Geschwindigkeit haben, die sie will, solange sie nur weit genug entfernt ist.

Du kannst es dir auch anders vorstellen. Wenn Galaxien sich voneinander fortbewegen, dann bewegen nicht sie sich, sondern der Raum zwischen ihnen dehnt sich aus.

91

EIN WECKER, DER IMMER UM VIER UHR MORGENS KLINGELT

WELT

Einer der ersten Wecker wurde 250 v. Chr. von den Griechen erfunden. Sie bauten einen Wecker, bei dem aufsteigendes Wasser die Uhrzeit markierte und einen mechanischen Vogel traf, der eine Pfeife auslöste.

Einen moderneren Wecker erfand im Jahr 1787 der Amerikaner Levi Hutchins. **Er konnte zwar immer nur um vier Uhr morgens klingeln,** aber er baute diese Uhr ja nur für sich selbst, um rechtzeitig zur Arbeit zu erscheinen.

Im Jahr 1876 meldete der Amerikaner Seth E. Thomas einen mechanischen Aufziehwecker zum Patent an. Dieser konnte endlich zu einer beliebigen Zeit klingeln.

92

SCHILLERS REDEWENDUNGEN

SPRACHE

Friedrich Schiller (1759 - 1805) war Dichter, Philosoph, Historiker und Arzt. **Er hat Bücher geschrieben, die noch heute berühmt sind und in der Schule gelesen werden.**

Aus seinen Werken stammen Redewendungen, die wir bis heute verwenden – auch wenn wir längst vergessen haben, dass sie von Friedrich Schiller stammen.

- Lange Rede, kurzer Sinn.
- Drum prüfe, wer sich ewig bindet.
- Wer nicht für mich ist, ist gegen mich.
- Das Maß ist voll.
- Früh übt sich, was ein Meister werden will.
- Ich kenne meine Pappenheimer.
- Man soll den Tag nicht vor dem Abend loben.
- Die Sterne lügen nicht.
- Die Axt im Haus erspart den Zimmermann.
- Der kluge Mann baut vor.

93

DA BLEIBT DIR DIE SPUCKE WEG

MENSCH

An Spucke, auch Speichel genannt, hast du sicher noch nicht so viele Gedanken verschwendet. Dabei erfüllt er viele wichtige Funktionen:

- Er schützt deinen Mund und deine Zähne vor Infektionen.
- Er hilft, einen kleinen Teil der Speisen bereits im Mund zu verdauen.
- Er unterstützt dich beim Sprechen, indem er deine Zunge und den Mundraum schmiert.

Pro Tag produzierst du etwa ein bis zwei Liter Speichel. In deinem ganzen Leben wirst du also etwa 40.000 bis 50.000 Liter Speichel produzieren – genug, um ein kleines Schwimmbecken zu füllen. Da ist dir sicher kurz die Spucke weggeblieben.

94

WARUM DEINE NASE LÄUFT, WENN ES KALT IST

MENSCH

Die Nase ist ein komplexes Organ, das uns nicht nur dabei hilft, wunderbare Gerüche zu riechen, sondern sie dient auch als Filter für die einströmende Luft.

Wenn du gesund bist, sondert deine Nase täglich fast einen Liter Schleim ab. Der meiste Schleim verlässt deine Nase aber nicht durch die Löcher, sondern fällt in den hinteren Teil des Rachens und wird verschluckt.

Diese Sekrete helfen, die einströmende Luft zu befeuchten, zu erwärmen und – unter Mithilfe der kleinen Nasenhaare – zu filtern.

Warum läuft eine Nase also, wenn sie kalt ist? Dafür gibt es eine einfache Erklärung.

Die Drüsen, die den Schleim absondern, brauchen riesige Mengen winziger Blutgefäße zur Versorgung. Bei kaltem Wetter erweitern sich diese Blutgefäße und werden größer.

Dadurch erhält deine Nase mehr Blut, was sie vor der Kälte schützt. Mehr Blut bedeutet aber auch, dass deine Nase größere Mengen an Schleim und Flüssigkeit absondert.

95

SCHON MAL 1 DURCH 998.001 GETEILT?

SCHULE

Zahlenfans haben eine Merkwürdigkeit mit der Zahl 998.001 entdeckt. Wenn du 1 durch 998.001 teilst, erhältst du als Ergebnis eine Kommazahl, die fast jede dreistellige Zahl enthält:

```
0,000 001 002 003 004 005 006 007 008 009 010
011 012 013 014 015 016 017 018 019 020
021 022 023 024 025 026 027 028 029 030
031 032 033 034 035 ...
```

Die einzige dreistellige Zahl, die in der Gleichung fehlt, ist die 998. Seltsamerweise springt die Kommazahl von 997 direkt auf 999.

998.001 ist das Quadrat von 999, also 999 * 999 = 998.001. Alle Quadrate von Zahlen mit den Ziffern neun verhalten sich ähnlich merkwürdig.

Zum Beispiel 99 * 99 = 9801. Wenn du 1 durch 9801 teilst, dann erhältst du eine ähnliche Zahlenreihe wie oben: alle zweistelligen Zahlen von 1 bis 99 – außer der 98.

Teile 1 durch 99980001 (das Ergebnis von 9999 * 9999), dann erhältst du alle vierstelligen Zahlen außer der 9998. Kurios.

96

LEHNWÖRTER SIND EINGEWANDERT

SPRACHE

Ein Lehnwort ist ein Wort, das die deutsche Sprache von einer anderen Sprache übernommen hat. Es gibt sehr viele Lehnwörter. Siehe dir nur mal eine kurze Auswahl von **deutschen Wörtern an, die wir anderen Sprachen entnommen haben:**

- Australisch: Bumerang, Känguru, Koala
- Aztekisch: Avocado, Chili, Kakao, Schokolade, Tomate
- Chinesisch: Ketchup, Seide, Taifun, Tee, Tofu
- Französisch: Adresse, Bonbon, Croissant, Experte, Fabrik, Hotel, Idee, Journalist, Karussell (und Hunderte mehr)
- Hebräisch: Ganove, Ramsch, Schlamassel, Zoff
- Indisch: Bungalow, Dschungel, Pyjama, Shampoo, Veranda
- Inuktitut (Eskimosprache): Anorak, Iglu, Kajak, Kanu
- Iranisch: Kiosk, Magie, Pfirsich, Schal, Tasse, Tulpe
- Italienisch: Bank, Marzipan, Pizza, Spaghetti, Zitrone
- Polnisch: Grenze, Gurke, Peitsche, Säbel
- Skandinavische Sprachen: Knäckebrot, Ski, Troll, Vielfraß
- Slawische Sprachen: Quark, Schmetterling, Wodka
- Südamerikanische Sprachen: Kondor, Lama, Puma

97

WARUM DU AUF MANCHEN FOTOS ROTE AUGEN HAST

WISSENSCHAFT

Fragst du dich auch, warum deine Augen auf Fotos manchmal rötlich sind – wie bei einem Vampir?

Das veränderte Aussehen wird durch den Rote-Augen-Effekt hervorgerufen, der besonders häufig auftritt, wenn du mit Blitzlicht in einer dunklen Umgebung fotografierst.

Eigentlich kann sich das menschliche Auge sehr gut an unterschiedliche Lichtverhältnisse anpassen. Leider ist diese Anpassung aber auch der Grund für den Rote-Augen-Effekt.

Das Auge reguliert die Menge des einfallenden Lichts, indem es die Pupillen zusammenzieht oder vergrößert. Im Dunkeln erweitern sich deine Pupillen, um mehr Licht aus der Umgebung zu gewinnen. Dadurch sind deine Augen unvorbereitet auf den plötzlichen Lichtblitz der Kamera.

Deine Pupillen können sich einfach nicht schnell genug zusammenziehen. Dadurch reflektiert das Licht die roten Blutgefäße in der Rückwand deiner Augen. Diese Reflexion nimmt die Kamera auf, was den Rote-Augen-Effekt zur Folge hat.

98

GLÜCKSKEKSE STAMMEN NICHT AUS CHINA

ESSEN

In jedem chinesischen Restaurant erhält man am Ende seiner Mahlzeit kleine Glückskekse, die in ihrem Inneren einen Spruch auf einem Papierstreifen enthalten. Wohl aus diesem Grund glauben viele, dass die Glückskekse ursprünglich aus China stammen.

Tatsächlich sind Glückskekse in China nicht üblich. Sie sind vermutlich eine amerikanische Erfindung. Um das Jahr 1910 herum wuchs ihre Beliebtheit, als japanische Einwanderer sie in Kalifornien, USA, herstellten.

Schon seit dem 19. Jahrhundert gibt es in Japan eine Tempel-Tradition, bei der Glückskekse verteilt werden. Diese »Omikuji« genannten Kekse werden jedoch aus einem dunkleren Teig hergestellt, sind etwas größer und ihr Teig enthält Miso und Sesam statt Butter und Vanille.

Im Jahr 1992 versuchte ein Kekshersteller, Glückskekse in China zu verkaufen. Die Chinesen kauften sie aber nicht, weil sie ihnen zu amerikanisch vorkamen.

99

ALLE PLANETEN IN DER RICHTIGEN REIHENFOLGE

SCHULE

Kennst du die Namen aller Planeten unseres Sonnensystems? Kannst du sie auch in der richtigen Reihenfolge aufsagen?

Viele vergessen einen oder zwei Planeten oder wissen nicht, mit welchem Planeten sie beginnen sollen. Dabei gibt es zahlreiche Merksätze. Einer lautet so:

Mein Vater erklärt mir jeden Sonntag unseren Nachthimmel.

Mein = Merkur
Vater = Venus
erklärt = Erde
mir = Mars
jeden = Jupiter
Sonntag = Saturn
unseren = Uranus
Nachthimmel = Neptun

Oder: »Mutti verliert eine Mütze. Jetzt sucht unser Nachbar.«

100

WER SCHWARZE UNTERHOSEN TRAGEN MUSS

SPORT

Im Baseball heißt ein Schiedsrichter »umpire«, in der Umgangssprache auch schlicht »ump« genannt.

Baseballspiele in Profi-Ligen haben sogar mehrere »umpires«, um in alle Situationen korrekte Entscheidungen zu treffen.

Aufgrund pikanter Vorfälle in der Vergangenheit hat die Major League Baseball, die Profi-Liga in den USA, **eine wichtige Regel für die Umpires aufgestellt.**

Umpires müssen während des Spiels schwarze Unterwäsche tragen – falls ihre Hose beim Bücken reißt.

Es ist den Zuschauern offenbar nicht zuzumuten, andersfarbige Unterhosen zu zeigen, oder Unterhosen mit Motivaufdrucken, zum Beispiel mit gelben Bade-Enten.

DAS GROSSE WISSENS-QUIZ

1. Welches Monument steht in Rom, Italien?
   A) Kolosseum
   B) Giganteum
   C) Titanteum

2. Welchen »Streamingdienst« gab es schon vor über 100 Jahren?
   A) Telharmonium
   B) Einvernehmium
   C) Beluniqium

3. Wie hieß der Rattenfänger aus London?
   A) Adam Sandler
   B) Will Smith
   C) Jack Black

4. Welches Spielzeug half beim Brückenbau?

A) Springseil

B) Drachenflieger

C) Wasserpistole

5. Welcher Herrscher war immun gegen Gift?

A) Viehledates XII.

B) Ohnedates I.

C) Mithridates VI.

6. Der dümmste Bankräuber der Geschichte …

A) zahlte das Geld in dieselbe Bank ein.

B) stellte sich vor dem Raub vor.

C) fand den Ausgang nicht.

7. In welchem Land kann man mit der Seilrutsche zur Schule fahren?

A) Kanada

B) Kolumbien

C) Kenia

8. Wofür stehen die fünf olympischen Ringe?

A) Für die fünf Elemente Wasser, Feuer, Erde, Holz und Metall

B) Für die fünf Erdteile Europa, Afrika, Asien, Amerika und Australien

C) Für die fünf Sinne Sehen, Schmecken, Tastsinn, Hören, Riechen

9. Welcher »Sport« wurde auf dem Mond gespielt?

A) Fechten

B) Tauchen

C) Golf

10. Welcher Ball wurde ursprünglich für Volleyball eingesetzt?

A) Handball

B) Fußball

C) Basketball

11. Wo findet das alljährliche Bettenrennen statt?

A) Japan

B) England

C) Deutschland

12. Wie lange dauert ein Baseballspiel ohne Pausen?

A) 18 Minuten

B) 60 Minuten
C) 128 Minuten

13. Was ist der Mpemba-Effekt?
A) Heißes Wasser gefriert schneller als kaltes.
B) Kaltes Wasser gefriert schneller als heißes.
C) Wasser gefriert bei allen Temperaturen gleich schnell.

14. In welcher Sportart müssen schwarze Unterhosen getragen werden?
A) Basketball
B) Boxen
C) Baseball

15. Warum nehmen russische Kosmonauten Waffen mit ins Weltall?
A) Zum Aufschießen von verklemmten Türen
B) Zur Selbstverteidigung gegen Bären
C) Zum Bedrohen von Außerirdischen

16. Wie viele Sterne gibt es in unserer Milchstraße?
A) 100 Milliarden

B) 10 Milliarden

C) 100 Millionen

17. Wie groß ist der Planet Pluto?

A) Kleiner als Australien

B) Etwas größer als der Mond

C) Etwas größer als die Erde

18. Wie viele Leute brauchen wir für eine Weltraumkolonie?

A) Nur zwei, ein Mann und eine Frau

B) 10

C) 160

19. Welches Fast Food wurde an die Internationale Raumstation geliefert?

A) Hamburger

B) Pizza

C) Döner

20. Um wie viele Zentimeter wachsen Astronauten im Weltall?

A) 7

B) 4

C) 1

21. Wie bezeichnet man einen Satz, der alle Buchstaben des Alphabets enthält?

A) Pantoffel
B) Pangramm
C) Pandora

22. Welches Wort ist kein Akronym?

A) Schiri
B) LKW
C) Karo

23. Was ist ein Oologe?

A) Vogeleierkundler
B) Philosoph
C) Fußchirurg

24. Wie nennt man ein Wort, das durch die Umstellung der Buchstaben eines anderen Wortes entsteht?

A) Anagramm
B) Antigramm
C) Ottogramm

25. Wie nennt man es, wenn mehrere aufeinanderfolgende Wörter dasselbe meinen?

A) Pleonasmus

B) Sarkasmus

C) Erasmus

26. Wie beginnen alle arabischen Wörter?

A) Mit der Vorsilbe »Al«

B) Mit einem Vokal

C) Mit einem Konsonanten

27. Wie nennt man ein Wort, das die deutsche Sprache von einer anderen Sprache übernommen hat?

A) Leihwort

B) Lehnwort

C) Borgwort

28. Welche Redewendung stammt von Friedrich Schiller?

A) Taten sagen mehr als Worte

B) Ewiger Sonnenschein schafft eine Wüste

C) Lange Rede, kurzer Sinn

29. Was ist kein Spoonerismus?

A) Katzenstreu
B) Eidreck
C) Wüstenkind

30. Wovor hatten Europäer vor über 200 Jahren Angst?
A) Tomaten
B) Regenwürmer
C) Regenwasser

31. Warum hast du auf manchen Fotos rote Augen?
A) Weil du ein Vampir bist
B) Weil du verliebt bist
C) Weil die Pupillen zu langsam sind

32. Wieviel Geld verdiente der Erfinder des Impfstoffes gegen Kinderlähmung?
A) Ein lebenslanges Gehalt
B) Gar nichts
C) Über 25 Millionen Euro

33. Welchen Vorteil haben rote Haare beim Menschen?
A) Sie ergrauen später

B) Sie lassen sich besser kämmen
C) Sie glänzen mehr

34. Wieviel Kilogramm Ketchup verspeist jeder Deutsche im Schnitt pro Jahr?
A) 1
B) 2
C) 3

35. Welches Land hat die meisten Zeitzonen?
A) Frankreich
B) Russland
C) USA

36. Welches Land konnte man mieten?
A) Liechtenstein
B) Monaco
C) Haiti

37. Welche Prominente hieß ursprünglich Katheryn Elizabeth Hudson?
A) Schauspielerin Kate Winslet
B) Sängerin Katy Perry
C) Herzogin Kate Middleton

38. Welches Problem hatte der erste Wecker?
A) Er war zu leise
B) Sein Klingeln ließ sich nicht abstellen
C) Er klingelte immer um vier Uhr morgens

39. Welches Unternehmen stellt die meisten Reifen her?
A) Lego
B) Goodyear
C) Michelin

40. Wie oft gibt es das Datum Freitag, den 13., in einem Jahr?
A) 0 bis 4 Mal
B) 2 bis 5 Mal
C) 1 bis 3 Mal

41. Auf welche antike Volksgruppe geht das Halloween-Fest zurück?
A) Ägypter
B) Römer
C) Kelten

42. Warum aßen Seeleute früher unter Deck?
A) Damit sie nicht nass wurden

B) Damit sie im Dunkeln die Käfer im Essen nicht sahen

C) Um gemeinsam an einem Tisch sitzen zu können

43. Wo soll angeblich das Seeungeheuer Nessie leben?

A) Schottland

B) Antarktis

C) Norwegen

44. Haben Giraffen mehr oder weniger Halsknochen als wir Menschen?

A) Mehr

B) Gleich viele

C) Weniger

45. Wie hieß der Orang-Utan, der mehrmals aus einem amerikanischen Zoo ausgebrochen ist?

A) Alan Walker

B) Woody Allen

C) Ken Allen

46. Welches Tier lernte mit 300 Symbolen zu kommunizieren?

A) Papagei

B) Zwergschimpanse
C) Wüstenmaus

47. Wessen Beerdigung wurde von einem fluchenden Papagei ruiniert?
A) Musiker Michael Jackson
B) US-Präsident Andrew Jackson
C) Clown Oleg Popow

48. Welche Farbe hat die Haut von Eisbären?
A) Rot
B) Schwarz
C) Weiß

49. Wie sprechen Bienen miteinander?
A) Durch Morsezeichen
B) Durch Summen
C) Durch Tanzen

50. Welches Tier kann viele Teile seines Körper regenerieren?
A) Axolotl
B) Fledermaus
C) Schnecke

51. Welche Vorwahlnummer ist für Telefonnummern in Filmen reserviert?

A) 555

B) 123

C) 911

52. Warum läuft die Nase, wenn es kalt ist?

A) Zufall

B) Weil die Nase besser durchblutet wird

C) Weil wir feuchte Luft einatmen

53. Wie viele Fragen stellen Kinder bis zu ihrem fünften Lebensjahr?

A) 10.000

B) 20.000

C) 40.000

54. Wie viel Speichel produziert der Mensch pro Tag?

A) Bis zu einem halben Liter

B) Bis zu zwei Liter

C) Bis zu fünf Liter

55. Wie heißen die kleinen Löcher in deinen Augen?

A) Pupillinchen

B) Tränensäckchen
C) Tränenpünktchen

56. Wie nennt man die Art des Jagens durch Hinterherlaufen?
A) Schwitzjagd
B) Ausdauerjagd
C) Keuchjagd

57. Womit werden Chipstüten gefüllt?
A) Stickstoff
B) Sauerstoff
C) Schwefel

58. Aus welchem Land stammen die Glückskekse?
A) USA
B) China
C) Madagaskar

59. Für welche Dinge setzt man Carnaubawachs ein?
A) Fensterläden und Schuhcreme
B) Honig und Zahnpasta
C) Autowachs und Gummibärchen

60. Warum verboten die Amerikaner geschnittenes Brot im Zweiten Weltkrieg?

A) Um Plastik und Stahl zu sparen

B) Um die Bewohner nicht zu verweichlichen

C) Die Messer zum Schneiden wurden für etwas Anderes benötigt

ANTWORTEN

1A, 2A, 3C, 4B, 5C,
6A, 7B, 8B, 9C, 10C,

11B, 12A, 13A, 14C, 15B,
16A, 17A, 18C, 19B, 20A,

21B, 22C, 23A, 24A, 25A,
26C, 27B, 28C, 29A, 30A,

31C, 32B, 33A, 34C, 35A,
36A, 37B, 38C, 39A, 40C,

41C, 42B, 43A, 44B, 45C,
46B, 47B, 48B, 49C, 50A,

51A, 52B, 53C, 54B, 55C,
56B, 57A, 58A, 59C, 60A

BAND 2: 100 ERSTAUNLICHE FAKTEN FÜR COOLE KIDS

Der Spaß geht weiter! Auch Band 2 der Reihe »Fakten für coole Kids« bietet wieder viele erstaunliche und unterhaltsame Fakten. Du erfährst die Antworten auf spannende Fragen wie

- Wo regnen Frösche vom Himmel?
- Wofür brauchen Astronauten Klebeband?
- Warum sind Eier oval?

- Warum trugen Piraten Augenklappen?
- Kann man im Weltall Bier brauen?
- Welches Tier ist das lauteste der Welt?

Erfahre unglaubliche Fakten in den zehn Themenbereichen Sport, Weltraum, Mensch, Wissenschaft, unsere Welt, Geschichte, Schule, Sprache, Essen und Tiere.

Viele Bilder, eine einfache Sprache und kurze Texte machen das Buch auch für Lesemuffel zum Vergnügen. Mit großem Wissens-Quiz.

Kundenstimmen auf Amazon.de:

»Mein Sohn und ich lesen gerne aus diesem Buch. Man kann sehr viel lernen. Ich bin mit dem Kauf sehr zufrieden.« - Boguslawski

»Dieses Buch ist super geeignet, sein Kind sinnvoll zu beschäftigen. Ich würde es auf jeden Fall weiterempfehlen.« - M.W.

Jetzt bei Amazon erhältlich!

- ISBN 978-3-948577-06-3 (eBook)
- ISBN 978-3-948577-07-0 (Taschenbuch)

- www.signifant.de

BAND 3: 100 UNGLAUBLICHE FAKTEN FÜR COOLE KIDS

Noch mehr Lesespaß für dich! Band 3 beschließt die Reihe »Fakten für coole Kids«. Erlebe noch einmal viele verblüffende und unterhaltsame Fakten. Du erfährst die Antworten auf spannende Fragen wie

- Wie schnell entstehen Berge?
- Welches Lied wurde auf dem Mars gespielt?

- Warum gab es Katzen, die Post austrugen?
- Wie viele Bade-Enten schwimmen im Meer?
- Wie lagert man Eis in der Wüste?
- Welcher Sportler brach sechs Weltrekorde in einer Schulstunde?

Erfahre unglaubliche Fakten in den zehn Themenbereichen Sport, Weltraum, Mensch, Wissenschaft, unsere Welt, Geschichte, Schule, Sprache, Essen und Tiere.

Viele Bilder, eine einfache Sprache und kurze Texte machen das Buch auch für Lesemuffel zum Vergnügen. Mit großem Wissens-Quiz.

Kundenstimmen auf Amazon.de:

»Der Inhalt ist super interessant. Es gibt so viele Fakten, bei denen man denkt: ›wie cool ist das denn‹. Und am Ende gibt es noch ein Quiz. Mega empfehlenswert.« - Valentin W.

Jetzt bei Amazon erhältlich!

- ISBN 978-3-948577-08-7 (eBook)
- ISBN 978-3-948577-09-4 (Taschenbuch)
- www.signifant.de

WIE WIR UNSERE KINDER ERZIEHEN: LUSTIGE INFOGRAFIKEN FÜR GESTRESSTE ELTERN

Dieses Buch sorgt für garantierte Lacher bei werdenden und frisch gebackenen Eltern, erfahrenen Müttern und Vätern.

Über 100 neue und bisher unveröffentlichte Infografiken stellen witzig und unterhaltsam typische Situationen dar, die alle Eltern kennen.

Sie zeigen unsere Macken und unsere kleinen Schwächen – von der Schwangerschaft bis zum Kindergartenalter.

Das Buch ist das ideale Geschenk zur Geburt oder Taufe, zum Geburtstag, zur Baby-Shower-Party, zu Weihnachten, Ostern, als Wichtelgeschenk oder zur Kinderzimmer-Einweihung – und viel witziger, als die siebzehnte Babyrassel zu verschenken.

Wer andere »Lustige-Torten-Bücher« kennt, wird dieses lieben! Freue dich nicht nur auf neue Tortendiagramme, sondern auch auf witzige Sprechblasen, lustige Top-5-Listen und vieles mehr.

Kundenstimmen auf Amazon.de:

»*Dieses Buch ist voller wirklich lustiger Grafiken zum Thema Kindererziehung. Sie werden die allermeisten Witze noch nicht kennen und darüber laut lachen können.*« – Paul

»*Dieses Buch hat 5 Sterne verdient!*« – Hasibutzi

»*Es macht Spaß und bringt einem zum Lachen, weshalb ich es gerne weiterempfehle.*« – Kim

»*Ein tolle Geschenkidee für Eltern!*« – Maria

Jetzt bei Amazon erhältlich!

- ISBN 978-3-948577-00-1 (eBook)
- ISBN 978-3-948577-01-8 (Taschenbuch)
- www.signifant.de

Printed in Poland
by Amazon Fulfillment
Poland Sp. z o.o., Wrocław

63200565R00080